Mulher e política

FUNDAÇÃO EDITORA DA UNESP

Presidente do Conselho Curador
Marcos Macari

Diretor-Presidente
José Castilho Marques Neto

Editor Executivo
Jézio Hernani Bomfim Gutierre

Conselho Editorial Acadêmico
Cláudio Antonio Rabello Coelho
José Roberto Ernandes
Luiz Gonzaga Marchezan
Maria do Rosário Longo Mortatti
Mario Fernando Bolognesi
Paulo César Corrêa Borges
Maria Encarnação Beltrão Sposito
Roberto André Kraenkel
Sérgio Vicente Motta

Editores Assistentes
Anderson Nobara
Denise Katchuian Dognini
Dida Bessana

IVANA GUILHERME SIMILI

MULHER E POLÍTICA
A TRAJETÓRIA DA PRIMEIRA-DAMA DARCY VARGAS (1930-1945)

editora
unesp

© 2008 Editora UNESP

Direitos de publicação reservados à:
Fundação Editora da UNESP (FEU)
Praça da Sé, 108
01001-900 – São Paulo – SP
Tel.: (0xx11) 3242-7171
Fax: (0xx11) 3242-7172
www.editoraunesp.com.br
feu@editora.unesp.br

CIP – Brasil. Catalogação na fonte
Sindicato Nacional dos Editores de Livros, RJ

S61m

Simili, Ivana Guilherme
    Mulher e política: a trajetória da primeira-dama Darcy Vargas (1930-1945) / Ivana Guilherme Simili. - São Paulo: Editora UNESP, 2008.
    il.

Inclui bibliografia
ISBN 978-85-7139-805-4

1. Vargas, Darcy, 1895-1968 - Biografia. 2. Vargas, Getúlio, 1882-1954. 3. Cônjuges de presidentes - Brasil - Biografia. 4. Legião Brasileira de Assistência. 5. Mulheres - Atividades políticas - Brasil. 6. Assistência social - Brasil. I. Título. II. Título: A trajetória da primeira-dama Darcy Vargas (1930-1945).

08-0429.
                                               CDD: 923.281
                                               CDU: 929:32(81)

Este livro é publicado pelo projeto Edição de Textos de Docentes e Pós-Graduados da UNESP – Pró-Reitoria de Pós-Graduação da UNESP (PROPG) / Fundação Editora da UNESP (FEU)

Editora afiliada:

Para Vinicius e Glauco,
meus amores ternos e eternos...

Sumário

Introdução   9

1   Casamento, maternidade e política   23
2   A Fundação Darcy Vargas e a infância   81
3   A primeira-dama, a Legião Brasileira de Assistência e as mulheres na Segunda Guerra Mundial   131

O que ficou de Darcy Vargas?   193

Referências bibliográficas   199

Introdução

Na peça *Casa de bonecas* de Ibsen, Helmer e Nora, marido e mulher, têm um encontro interessante que se passa mais ou menos assim: ele diz: "Antes de qualquer coisa, você é esposa e mãe". Ela rebate "Eu não acredito nisso. Acredito que, antes de tudo, sou um ser humano como você".

Este é um trabalho sobre uma mulher que traz, em sua trajetória, um pouco de Nora, esposa de Helmer, personagem de Ibsen, e um pouco de outras tantas mulheres que, trilhando seu percurso, construíram uma história como esposas e mães e, nessa condição, tornaram-se agentes de sua própria história, sujeitos dela.

Trata-se de um estudo acerca da trajetória criada por uma personagem, Darcy Vargas, esposa de Getúlio Vargas, Presidente da República do Brasil durante os períodos de 1930-1945 e 1951-1954. Darcy Vargas (1895-1968) foi uma mulher cujos laços de casamento estabelecidos com Getúlio Vargas, em 1911, possibilitaram-lhe a criação de uma história própria, paralela à do marido, mas sua, com suas ações e reações. Foi essa e nessa relação de casamento, ao lado de Vargas, que Darcy se fez como esposa de um homem público e governante, como mãe de cinco filhos (Lutero, Alzira, Manoel Antonio, Jandira e Getúlio Vargas Filho), e teve sua atuação marcada pelo envolvimento e pela participação na política.

10 IVANA GUILHERME SIMILI

Em 1930, quando o casal Vargas chegou ao centro do poder presidencial brasileiro, Darcy já havia trilhado um longo percurso como esposa de homem público. Ela havia sido a esposa do deputado estadual, do deputado federal pelo Rio Grande do Sul, do ministro de Estado do governo Washington Luís e do governador do Rio Grande do Sul. À medida que Getúlio Vargas galgava postos na vida pública, a política ia sendo cada vez mais inserida na família e na vida de Darcy Vargas. Em 1930, durante o movimento revolucionário que marcou o golpe e a chegada de Getúlio ao poder, Darcy Vargas criou a Legião da Caridade, uma associação de mulheres organizada com o objetivo de produzir roupas para os revolucionários e distribuir alimentos para as famílias cujos membros acompanharam Getúlio. Nos anos 1930, Darcy Vargas, primeira-dama do país, acompanhou de perto o desenrolar da história política brasileira. Ela foi a esposa do chefe do governo provisório instalado em 1930, do Presidente da República eleito pela Constituinte (1934-1937), do ditador do Estado Novo (1937-1945) e do presidente deposto em 1945, que retornaria ao poder presidencial em 1951 e nele permaneceria até o seu suicídio em 1954.

Como esposa do governante, Darcy Vargas atuou na vida política brasileira e criou uma trajetória marcada pela participação na política assistencial. Nesse aspecto, o verbete criado pelo *Dicionário das mulheres do Brasil* (Schumaher & Brazil, 2000) – uma das mais recentes produções biográficas sobre mulheres – é esclarecedor. Nele, a primeira-dama é classificada como "pioneira, dentre as primeiras-damas brasileiras, na atuação junto a órgãos assistenciais pertencentes à estrutura do Estado". Sua atuação em obras dessa natureza parece ter começado em 1934, quando apoiou a fundação do Abrigo Cristo Redentor (RJ). Outras iniciativas seguiram-se a essa, tais como a de um abrigo para mendigos, a Escola de Pesca Darci Vargas e a Escola Agrícola Presidente Vargas. Em 1938, atuou na criação da Fundação Darcy Vargas, destinada a oferecer assistência a menores e a coordenar escolas para crianças e idosos. Em 1940, inaugurou a Casa do Pequeno Jornaleiro, que prestava serviços de proteção à infância. Nos anos 1940, expandiu essas atividades com a Casa do Pequeno Lavrador, a colônia de férias da Casa do Pequeno Jornaleiro, a escola primária Álvaro

MULHER E POLÍTICA 11

Sodré e o restaurante da casa do Pequeno Trabalhador. Em 1942, foi responsável pela Legião Brasileira de Assistência (LBA), que herdara algumas finalidades da antiga Legião de Caridade, mas que adquirira novas funções no quadro da administração pública. A LBA incumbiu-se de múltiplas atividades em todo o país, tornando-se o principal órgão de assistência social do governo brasileiro durante décadas.[1]

Nos anos 1930, das obras sociais timbradas pela participação de Darcy Vargas, destacam-se a Fundação Darcy Vargas (1938) e a Legião Brasileira de Assistência (1942), a primeira instituição pública de assistência social a qual presidiu. Sua atuação nessas entidades justifica o título de "pioneira, dentre as primeiras-damas brasileiras, na criação de órgãos assistenciais pertencentes à estrutura do Estado" e a importância da personagem no cenário assistencial brasileiro.

Acompanhar a trajetória criada por Darcy Vargas na sua relação com o homem público e governante Getúlio Vargas constituiu preocupação central deste trabalho. Por meio dele, objetiva-se mostrar os modos como a política se infiltrou no percurso da personagem, criando para ela um itinerário como esposa, mãe e primeira-dama, marcado por formas de atuação e participação na política. Com esse propósito, deslindo a relação e as articulações entre as criações de cunho assistencial e a política assistencial nos três momentos de maior destaque da trajetória da primeira-dama: a Legião da Caridade (1930), a Fundação Darcy Vargas (1938) e a Legião Brasileira de Assistência (1942-1945).

Com a abordagem proposta para a trajetória da personagem, pretendo indicar a contribuição e a participação de Darcy Vargas na criação de um modelo de atuação e de participação da mulher do homem público na política, atrelada ao social.

Na literatura em geral e na história em particular, o papel da esposa e das primeiras-damas é um tema que vem despertando interesse nas

---

1 Nesse dicionário e em outros documentos de cunho memorialístico, no qual se inclui o Diário de Getúlio Vargas, Darcy Vargas está grafado com "i". Embora não se tenha tido acesso aos documentos pessoais oficiais da personagem, os documentos consultados que contêm sua assinatura podem ser tomados como referência de que ela assinava Darcy Sarmanho Vargas.

pesquisas acadêmicas, conforme se pode ver na produção existente.[2] Em relação às primeiras-damas, o ponto nodal dessa produção é o papel que desempenharam na trajetória política de seus maridos, bem como o papel destes ao transformá-las em personagens de destaque pelo vínculo conjugal.

Esses aspectos, inexplorados pela historiografia brasileira, poderão ser examinados por intermédio do casal Vargas, permitindo revelar faces das relações conjugais no universo do presidencialismo.

A produção historiográfica acerca da temática mulher e política é considerável.[3] No final do século XIX e início do XX, um dos estudos pioneiros é o de June Hahner (1981), *A mulher brasileira e suas lutas sociais e políticas: 1850-1937*. Apoiada teoricamente no feminismo e na história social, a autora capta na imprensa feminista do século XIX a insatisfação das mulheres com o tratamento não-igualitário presente nas leis e nos costumes que regulavam a sociedade brasileira, bem como as estratégias de participação criadas pelas mulheres em dois momentos/movimentos, o abolicionista e o sufragista. No sufragista, a injustiça e a desigualdade presentes nas leis e nos costumes que regulavam a sociedade brasileira se transformam em bandeira de luta das mulheres, mediante o seu efetivo envolvimento.

As estratégias desenvolvidas pelas mulheres para a conquista de direitos políticos ou da cidadania constituíram um dos principais

---

2   Na literatura internacional, estudos sobre o papel das esposas e sobre as primeiras-damas contam com expressiva produção, alguns deles traduzidos. Destacam-se: Yalom (2002), Gasparini(2002), Ortiz (1997), Martinez (2000) e Goodwin (2001). Os sinais do interesse despertados pelo primeiro-damismo estão no único trabalho produzido no Brasil, ver Torres (2002).

3   Um breve balanço historiográfico evidencia algumas tendências nos estudos sobre mulher e política. Uma delas é a perspectiva de análise da participação da mulher nos movimentos sociais, sindicais e partidários. Sobre isso, ver Pinto (1992) e Giuliani (1989). Outra tendência é acerca da atuação da mulher nas instâncias do poder legislativo e executivo (cf. Tabak, 1989; Blay, 1984). Sobre mulher e política, na perspectiva do voto de mulheres nas eleições, ver Tabak & Toscano (1982). Um importante estudo sobre mulher, poder e política brasileira foi realizado recentemente por Avelar (2002). Sobre mulher e participação político-partidária, ver Brito (1994).

eixos dos estudos sobre a atuação feminina na vida pública e na participação política. Na produção acadêmica, sobretudo a partir da década de 1980, observa-se a utilização da vertente biográfica nos estudos. São vários os trabalhos produzidos nessa perspectiva metodológica, dentre os quais o de Rachel Soihet (1974), *Bertha Lutz e a ascensão social da mulher, 1919-1937*; de Miriam Lifchitz Moreira Leite (1984), *Outra face do feminismo: Maria Lacerda de Moura*; e ainda o de Mônica R. Schpun (1997), "Carlota Pereira de Queiróz: uma mulher na política". Por intermédio das personagens, todas vinculadas ao feminismo e que se destacaram na cena histórica pela luta e participação na política, as autoras aproximam-se dos debates e dilemas enfrentados por essas mulheres na conquista dos direitos políticos, nas organizações feministas e no exercício do Poder Legislativo, já que algumas foram deputadas.

Nos anos 1990, a história política e a das mulheres passaram a compartilhar alguns pressupostos que as aproximam. No que tange à história política, a renovação verificada nesse campo do saber não tem acontecido mediante o abandono ou a supressão dos objetos e temas tradicionais, como os partidos, as grandes figuras, as instituições, mas quanto à forma de trabalhá-los, que está sendo enriquecida por novas perspectivas de análises e abordagens.[4]

No âmbito da história das mulheres, Michelle Perrot (1995, 1998) e Joan Scott (1990, 1992, 1994) são algumas das defensoras da ampliação do campo de análise da relação das mulheres com o poder e com a política. Esses estudos, embora partam de interpretações diferentes acerca do feminino na história e na historiografia, norteiam esta investigação.

O trabalho sobre Darcy Vargas é um estudo feito na intersecção entre história das mulheres e história política. Por intermédio da personagem, busca-se mostrar como uma mulher – esposa e mãe – se relacionou com a política e participou dela. Na narrativa, o privado não foi abandonado, mas procurou-se apresentá-lo permeado pela política

---

4   Sobre a "nova história política", ver Remond (1996) e Falcon (1997). A *Revista Estudos Históricos* (Historiografia, 1996) dedicou um número especial a esse assunto.

e refletido na trajetória pública da personagem, sobretudo nas obras assistenciais criadas a partir de 1930.

Uma característica historiográfica dos estudos que contemplam o governo de Getúlio Vargas, sobretudo no primeiro período, é o protagonismo dos homens na história. São eles que fazem e detêm o poder de fazer. Especificamente no que tange à legislação social, assistencial, trabalhista, os homens aparecem como os principais agentes das mudanças sociais e políticas.[5]

Seguindo Darcy Vargas, foi possível lançar um olhar mais atento para outros aspectos da política, deslindar assuntos referentes à participação das mulheres na política assistencial dos anos 1930 e 1940 e iluminar questões relacionadas à sua participação e contribuição na história da política assistencial e na construção do Estado brasileiro.

Um dos problemas destacados por aqueles que estudam política e mulheres é a desigual presença e participação dessas personagens no cenário nacional e, por conseqüência, a dificuldade enfrentada para a obtenção de fontes de pesquisa que permitam conhecer e avaliar as experiências femininas e políticas do passado.

O propósito de seguir os passos de Darcy Vargas para conhecer o percurso por ela construído não foi tarefa fácil. Embora as descrições sobre sua trajetória sejam fartas em informações sobre suas obras assistenciais; apesar de a historiografia a respeito da assistência social reconhecer sua importância; embora ela seja caracterizada como pioneira dentre as primeiras-damas na criação de órgãos assistenciais; enfim,

---

5 A desigual participação dos sujeitos na história política brasileira dos anos 1930 e 1940 reflete-se na historiografia. Os homens aparecem movimentando a história, como os protagonistas da produção historiográfica e como os "objetos" mais estudados no campo histórico e no biográfico. Essa atenção maior aos homens está presente na vasta produção biográfica sobre Getúlio Vargas e nos estudos sobre sua trajetória política, e na considerável produção historiográfica sobre o seu governo e nos estudos biográficos sobre os homens públicos que participaram do poder. Os aspectos aqui levantados podem ser identificados e dimensionados na leitura da bibliografia existente que citamos. Sobre legislação social, trabalhista e assistencial, ver Gomes (1989), Munakata (1981), Silva (1990) e Martins (1998). Quanto ao aspecto biográfico, ver Camargo (1999) e *Revista Estudos Históricos* (Biografia, 1997).

MULHER E POLÍTICA 15

embora muito se diga sobre ela, encontrar os documentos de Darcy Vargas e a forma como encontramos a personagem na documentação trouxeram problemas específicos a este trabalho.

De cunho pessoal, sobreviveram apenas duas cartas que constituíam fragmentos da mãe que ela foi, e, por intermédio delas, é possível conhecer alguns de seus sentimentos e emoções. Da esposa, nada havia. Localizar os documentos que permitissem conhecer o trabalho que ela desenvolvera também representou um problema. Sobrara pouco de tudo o que haviam dito que ela fizera quando comparado ao que lhe é atribuído como realizações. Para a Legião da Caridade, contávamos com os registros feitos pela filha, Alzira Vargas do Amaral Peixoto, no livro *Getúlio, meu pai*, publicado em 1960, logo após o suicídio de Vargas. Do período em que, como primeira-dama do país, criou e presidiu as duas entidades de maior destaque no seu percurso, a Fundação Darcy Vargas (1938) e a Legião Brasileira de Assistência (1942-1945), documentos de várias espécies (atas, boletins, relatórios, fotografias) e aqueles provenientes da imprensa mostravam uma personagem atuante que se fazia presente nas reuniões, nas solenidades, nos acontecimentos.

Na documentação levantada, encontramos uma Darcy Vargas que inquietava, intrigava, incomodava. Os documentos insistentemente mostravam e afirmavam: "ela presenciou", "ela participou", "ela acompanhou", "ela estava lá", "ela criou", ela fez e aconteceu...

Não restava dúvida, Darcy tinha uma trajetória para ser narrada. Entretanto, ela nada dizia. Darcy Vargas permaneceu calada o tempo todo (ou quase o tempo todo, porque nas cartas ela mostra um pouco de si). Silenciosamente, ela permitiu que os outros a mostrassem, que falassem por ela, que dissessem por ela, que a narrassem. Foi essa trajetória de uma mulher silenciosa ou de poucas palavras, mas que teve muito a dizer e a ensinar sobre o significado de ser esposa de homem público e político, que tentei captar nas narrativas que dizem por ela e a respeito dela.

Trabalhei com os vestígios do que dizem de Darcy para narrar sua trajetória. Vestígios encontrados nos escritos e nas imagens fotográficas organizados na convivência familiar, produzidos em sua memória pelos lugares por onde passou, criados em sua homenagem ou ainda para Getúlio Vargas, nos quais ela aparece como coadjuvante nas narrativas, nas cenas. Esses vestígios de Darcy Vargas estavam no livro de memória da filha, Alzira Vargas do Amaral Peixoto; nos relatos de Getúlio feitos em *Diário* (1995); no romance biográfico de Chermont de Brito (1983); nas notícias e imagens veiculadas na imprensa dos anos 1930 e 1940, à época controladas pelo Departamento de Imprensa e Propaganda (DIP); nas fotografias dos acervos de memória de Getúlio Vargas e dos homens públicos do Centro de Pesquisa e Documentação (CPDOC) da Fundação Getúlio Vargas; no acervo de memória da Assistência Social – Comissão Permanente Consultiva de Referência e Estudos da Assistência Social (Creas). Portanto, documentos com vestígios de uma personagem criados pela imprensa, pelas lentes dos fotógrafos, pelas descrições familiares, pelas composições biográficas, e dos quais emanam imagens e representações "controladas". Neles, estão presentes os crivos, as seleções operadas pelos escritores, pela imprensa, pelos fotógrafos, pelos produtores de memória, indicando, assim, as influências que Getúlio Vargas deteve sobre o percurso que deveria ser visto. Destacam-se os crivos familiares sobre o que poderia ser veiculado, a seleção sobre o que poderia e deveria ser mostrado; as escolhas feitas pela memória coletiva e institucional dos atos, feitos e realizações que deveriam ser guardados para serem recordados. Essas múltiplas influências e interferências condicionam o olhar e a interpretação sobre sua trajetória, indicando como ela pode ser conhecida e sua experiência apreendida.

Controlando as versões e os campos de visão, os documentos produziram materiais narrativos e visuais com vestígios daquilo que Darcy Vargas representava na vida de Getúlio Vargas e da posição que ela ocupava na família e na sociedade: a esposa do homem público e governante.

A noção de trajetória, segundo Bourdieu (2002, p.189), conduz à "série de posições sucessivamente ocupadas por um mesmo agente (ou um mesmo grupo) num espaço que é ele próprio um devir, estando sujeito a incessantes transformações".

Seguindo as pistas de Darcy Vargas presentes nas representações produzidas pelos documentos para a personagem, procurou-se captar e acompanhar as transformações provocadas pela política na mulher, esposa e mãe, e que vieram a construir uma trajetória marcada pelo envolvimento na política e por formas de participação na política, particularmente na política assistencial.

Para os historiadores da política, os conceitos mais imprecisos e importantes são o de poder e de política. Segundo Foucault (1985), o poder deixou de ser concebido como algo localizável em um determinado centro – por exemplo, no Estado – ou pertencente e detido por alguns. Na concepção do autor, não há, de um lado, os possuidores do poder e, de outro, os destituídos de poder, uma vez que o poder é caracterizado como exercício e, como tal, está em movimento. Com base nessa concepção de poder, Rachel Soihet (1997, p. 69) elabora um aparato teórico-metodológico para a análise da relação mulher e poder. Apoiada no argumento de Arlete Farge (1991) que preconiza ser necessário, na análise das relações de poder, equacionar a idéia de dominação, concebendo-a como uma relação dialética (estendendo, assim, a concepção foucaultiana de poder), Rachel Soihet a interpreta afirmando que a autora evita o binômio dominação/subordinação como único terreno de confronto para colocar no seu lugar os "complexos contra-poderes femininos: poder maternal, poder social, poder sobre outras mulheres e as subseqüentes 'compensações' no jogo das seduções e do reinado feminino".

No que tange ao conceito de política, para Joan Scott (1992, p.66-7), a palavra carrega múltiplos significados e ressonâncias. A autora identifica três significados: o primeiro pode ser uma atividade dirigida para/em governos ou outras autoridades poderosas, atividade esta que envolve um apelo à identidade coletiva, à mobilização de recursos, à avaliação estratégica e à manobra tática; o segundo é também utilizado para referir-se às relações de poder mais gerais e às estratégias visadas para mantê-las ou contestá-las; no terceiro, a palavra política é aplicada ainda mais amplamente às práticas que reproduzem ou desafiam o que, às vezes, é chamado de "ideologia" e que, por isso, são encaradas como naturais, normativas ou auto-evidentes. Para a autora, o emprego da palavra, em qualquer sentido, tem sempre "múltiplas ressonâncias", produzindo "narrativas políticas".

18   IVANA GUILHERME SIMILI

Ao acompanhar a trajetória da personagem, objetivou-se identificar as marcas da dominação e da subordinação às quais uma mulher esteve exposta e submetida como esposa de um governante e mãe de seus filhos. Procurou-se, também, examinar os modos pelos quais esses poderes, na sua relação e com sua participação na política, foram ampliados, fazendo surgir novos poderes e novas formas de participação, especificamente na assistencial, criando narrativas "políticas" com múltiplas ressonâncias no percurso da personagem.

Para narrar a trajetória de Darcy Vargas, deu-se maior atenção aos modos como o poder e a política, o privado e o público estiveram interseccionados em seu percurso, orientando a vida da personagem, sua relação com um homem público que tinha uma atuação política, suas relações familiares e suas formas de participação política.

Essas são questões que povoam o trabalho e orientaram a narrativa que não deixa de ter um conteúdo biográfico. Conforme afirma Rachel Soihet (2003, p.47), a abordagem biográfica permite situar, no centro da problemática, a experiência social das mulheres "não como uma essência qualquer que nos confiaria o segredo de uma identidade feminina hipostasiada". Citando Jean Paul Sartre, Soihet conclui: "mas como um perpétuo vai e vem no qual se insere o projeto de uma vida e que constrói e reconstrói o universo social no qual se afirmam, enquanto sujeitos, os indivíduos".

Situando o percurso trilhado pela esposa e mãe no centro da narrativa, buscaram-se nos documentos os indícios do passado que permitissem conhecer e seguir esse processo múltiplo e infinito que foi a constante criação e recriação promovidas pela personagem na sua trajetória e que foi movimentado pela política, pela vida, pelo destino, pelos acasos e também por intermédio de suas ações, realizações e frustrações.

Quanto aos personagens e à narrativa biográfica, Philippe Levillain (1996, p.155) orienta que não é "com base no biografado que se dividem as biografias literárias e as biografias históricas, nem com base na escrita, o que equivale dizer no estilo, e sim na parte de ficção que entra nas primeiras e deve ser proibida nas segundas por razões de método". A parte de ficção que entraria na narrativa seria proveniente do "suplemento de explicação que o autor se julga no direito de dar quando a reunião de documentos não basta para retratar o personagem".

Documento e método, portanto, são elementos que diferenciam as biografias históricas das literárias. O elemento ficcional na narrativa histórica ingressaria como estratégia explicativa para o preenchimento das lacunas documentais.

Os aspectos relacionados às informações que dispúnhamos e à escassez de dados para vários momentos/etapas da vida da personagem exigiram que adotássemos algumas estratégias explicativas e de exposição, cuja inspiração encontramos em Alain Corbin. Ao tratar da estratégia metodológica empregada para narrar o percurso de Louis-François Pinagot, um homem comum do século XVIII, Corbin revela que ultrapassou os limites das informações encontradas e que diziam respeito a raros dados sobre aspectos físicos e relativos à data do casamento, número de filhos, entre outros aspectos, por meio da recriação da paisagem e do ambiente social e cultural no qual a personagem havia vivido.

Embora Corbin desaconselhe "o método", afirmando não pretender sua utilização, na narrativa da trajetória de Darcy empregamos um recurso estilístico bem próximo daquele que fora usado pelo autor, o de procurar reconstituir o ambiente social, cultural e político no qual a personagem viveu e criou um percurso, suprindo, assim, a falta de informação ou para dar sentido aos dados que tínhamos.

Com isso, diversos cenários de época foram montados para colocar Darcy Vargas e seu percurso em cena.

No primeiro capítulo, "Casamento, maternidade e política", o cenário foi montado para mostrar o caminho trilhado pela personagem antes da chegada de Getúlio Vargas ao poder em 1930, concebendo-se esse conhecimento como necessário à compreensão de sua trajetória. Almejou-se mostrar o perfil feminino que lhe fora desenhado pela família, sociedade, cultura e época em que viveu e aquele que fora desenhado pela personagem no casamento com Getúlio Vargas e na maternidade. Esse capítulo apresenta de que modo a política foi incorporada em sua vida, desencadeando formas de participação que culminaram na primeira iniciativa filantrópica, que foi a Legião da

20 IVANA GUILHERME SIMILI

Caridade. Dedica, também, especial atenção às mudanças na mulher – esposa e mãe –, no casamento e na maternidade, e as transformações familiares ocorridas entre os anos 1930 e 1945.

Ao acompanhar as mudanças na personagem, foi possível verificar o "caráter instersticial – porém, importante – da liberdade de que dispõe o agente e observar a maneira pela qual funcionam concretamente os sistemas normativos que jamais estão isentos de contradição" (Levi, 2002, p.180). Para acompanhá-las, trouxe para o cenário outras personagens femininas e feministas para marcar as diferenças e as aproximações no relacionamento da mulher com a política.

No segundo capítulo "A Fundação Darcy Vargas e a infância", pretende-se "desvendar os múltiplos fios que ligavam Darcy Vargas ao seu contexto" (Schimidt, 1997, p.15), relacionando suas iniciativas assistenciais com o panorama das políticas assistenciais para a infância e a participação das mulheres. Com essa relação, dimensiona-se o papel desempenhado pelas mulheres no âmbito do legislativo e na sociedade, espaços em que legisla ou cria entidades assistenciais no desenvolvimento das políticas públicas destinadas às mães e às crianças e a contribuição da filantropia e do maternalismo na construção dos serviços sociais e do Estado brasileiro.

"Examinar as trajetórias individuais e os contextos nos quais estas se realizaram como uma via de mão dupla" (ibidem, p.17) é o pressuposto teórico-metodológico empregado no capítulo seguinte, "A primeira-dama, a Legião Brasileira de Assistência e as mulheres na Segunda Guerra Mundial". Nele, busca-se mostrar o que a Segunda Guerra Mundial e a assistência social proporcionaram à primeira-dama e aquilo que a atuação da personagem ofereceu às mulheres de sua época. Considerando a atuação da primeira-dama na presidência da Legião Brasileira um dos momentos e desdobramentos importantes na trajetória da personagem, tal capítulo detém-se, assim, na análise da atuação de Darcy Vargas na presidência da LBA para mostrar a sua participação na criação da primeira instituição pública assistencial. Examina-se a atuação da primeira-dama na condução da política assistencial, traçada pelo governo em combinação com o empresariado, a fim de indicar como a caridade e o altruísmo foram

MULHER E POLÍTICA 21

aspectos integrantes da política assistencial de guerra que serviram para mobilizar as mulheres e possibilitar a participação feminina na guerra, na vertente assistencial.

A participação de Darcy Vargas na criação da Legião da Brasileira de Assistência, como primeira presidente institucional, pode ser entendida como um marco significativo na história das mulheres e na história da política assistencial, visto que se trata do primeiro momento em que uma mulher passou a ocupar um cargo de direção na política social, em um momento e contexto em que a atuação e a participação das mulheres na política caminhavam a passos lentos.

Ao examinar a trajetória filantrópico-assistencial de Darcy Vargas, desenvolve-se o argumento de que suas ações sociais e assistenciais – que tiveram início em 1930 com a criação da Legião da Caridade, prosseguindo em 1938 com a Fundação Darcy Vargas –, foram propícias para o estabelecimento de um modelo de atuação e de participação da primeira-dama nos meandros do poder presidencial. Em 1942, com a criação da Legião Brasileira de Assistência, essa mulher tornou-se, então, responsável pelo social. Ao coordenar o projeto assistencial do Estado, um papel significativo foi a ela concedido na condução da assistência social em nosso país, um papel que foi decisivo para o controle da política assistencial, para o viés assistencialista de que se revestiu essa política pública e que ainda orienta procedimentos no campo dos direitos políticos em nosso país.

Finalmente, alguns esclarecimentos são necessários e dizem respeito ao título e ao balizamento temporal: 1930-1945. O título Mulher e política: a trajetória da primeira-dama Darcy Vargas (1930-1945) nomeia a perspectiva de análise adotada no trabalho, enfocando a relação estabelecida por Darcy Vargas com a política no primeiro governo Vargas. Os anos 30 e 40 são tidos como decisivos em muitos aspectos da vida política brasileira. Neste período, Getúlio Vargas introduziu mudanças econômicas, sociais, políticas e culturais significativas. Ao enfocar o percurso de Darcy, criado pela personagem na sua relação com a política, demonstra-se a maneira pela qual, ao participar das "políticas" de Vargas, Darcy criou um itinerário que permite acompanhar as alterações introduzidas na área da política assistencial, organizando um modelo de atuação para o homem público que ela própria dele se reapropriaria, enquanto esposa, quando em 1951, Getúlio reassumisse a presidência da República e ela, então, voltaria a dirigir a Legião Brasileira de Assistência, a primeira instituição de assistência social. Conforme é demonstrado, os anos 30 e 40 foram importantes para Getúlio Vargas bem como para Darcy Vargas, marcando a importância da personagem na e para a história da assistência social.

1
CASAMENTO, MATERNIDADE E POLÍTICA

As "vicissitudes biográficas" de uma personagem permitem apreender e interpretar sua trajetória à "luz de um contexto que as torne possíveis e logo, normais" (Levi, 2002, p.176). Essa premissa constituiu o ponto de partida na análise do itinerário da personagem por mim selecionada.

Darcy Vargas nasceu em 1895, em uma família de elite da cidade de São Borja, no Rio Grande do Sul (o pai era estancieiro e comerciante), casou-se aos 15 anos com Getúlio Vargas em 1911, em sua cidade natal, e teve cinco filhos: Lutero (1912), Jandira (1913), Alzira (1914), Manuel Antonio (1916) e Getúlio (1917). Foi no Rio Grande do Sul que Darcy percorreu as diferentes etapas de sua existência – do nascimento ao casamento e à maternidade.

No final do século XIX, quando se deu o nascimento da personagem, diferentemente do contexto nacional da Proclamação da República, no qual predominaram idéias liberais, o positivismo de Comte teve influência marcante sobre o governo e o pensamento da intelectualidade e, por conseguinte, na composição do modelo de feminilidade que orientava a socialização/educação das mulheres. Nesse modelo, reproduziam-se as mesmas concepções sobre papéis e desempenhos femininos, observados em outras regiões do país. Para o pensamento positivista divulgado em Porto Alegre pelo Centro Positivista, ser mãe era o papel mais sublime que a mulher poderia desejar. Assim, os papéis de filha, de irmã e de esposa eram uma espécie de preparação para a função de mãe. A autoridade masculina e a submissão feminina eram compreendidas no binômio "obediência e amor", e as mulheres obedeciam porque eram delicadas e meigas (Pedro, 1997).[1]

Para os positivistas, a função feminina consistia em "aperfeiçoar a natureza humana", daí recomendarem a educação das mulheres, já que, como mães, elas eram responsáveis pela "construção do homem de amanhã". No ideário positivista, a mulher ideal era uma "filha obediente, esposa dedicada, mãe exemplar e, quando pobre, trabalhadora virtuosa".

Foi nesse ambiente sociocultural que Darcy viveu seus primeiros tempos. Como filha do "estancieiro e comerciante" Antonio Sarmanho e de dona Alzira de Lima Sarmanho, uma dona de casa, ela pertencia aos segmentos da elite. Durante a fase que correspondeu à sua educação, sobre as mulheres pesavam várias restrições escolares e educativas. A primeira legislação relativa à educação havia surgido em 1827, pouco antes do nascimento da personagem (1895), mas a lei admitia meninas apenas para as escolas elementares, não para instituições de ensino secundário e superior (Muniz, 2000).

Além das restrições, as diferenças sociais também repercutiam em uma educação diferenciada para meninas pobres e as da elite. Em fins do século XIX e início do XX, o ensino da leitura, da escrita e das noções básicas da matemática para o segmento feminino era geralmente complementado/associado pelo aprendizado do piano e do francês, que, na maior parte dos casos, era ministrado em suas próprias casas por professores particulares ou em escolas religiosas. Aprender a costurar, a bordar, a cozinhar e a lidar com os criados e serviçais também fazia parte da educação das meninas e moças. A essa pedagogia incluíam-se elementos que pudessem torná-las não apenas uma companhia mais agradável ao marido, mas também uma mulher capaz de bem representá-lo socialmente. O domínio da casa era o destino das mulheres, e para esse domínio elas deveriam ser preparadas pela educação (Louro, 1997, p.446).

---

1   Esse panorama foi por mim traçado com o objetivo de destacar a "ambiência cultural e educativa" em que Darcy Vargas nasceu e foi socializada/educada.

MULHER E POLÍTICA **25**

Além das restrições educacionais e pedagógicas que recaíam sobre as mulheres, o casamento precoce também compunha o modelo de feminilidade preconizado para as mulheres, abreviando, assim, a permanência das meninas na escola.

Darcy Vargas, como uma menina de seu tempo e cultura, foi criada e educada para o casamento e, como várias moças da época, interrompeu a vida escolar para casar-se aos 15 anos com Getúlio Vargas. A este aspecto associa-se outro que pode ter contribuído para o casamento precoce: aos 14 anos, a mãe, D. Alzira, morre no parto do quarto filho. Casando-se precocemente e gerando sucessivos filhos (em seis anos era mãe dos cinco filhos que o casal teve, homenageando com Alzira, a mãe), Darcy reproduzia e reforçava, em sua trajetória, o modelo de feminilidade predominante no início do século XX, que transformava em "missão e destino da mulher na terra" o casamento e a maternidade. Casando-se e procriando, cumpria-se para ela o "destino" traçado para as mulheres pela cultura da época e começava aquilo que parecia predestinado como sua missão na terra: ser esposa e mãe.

Da mulher, esposa e mãe para a Legião da Caridade

Darcy casou-se com um homem quatorze anos mais velho que ela. Getúlio Vargas pertencia à mesma cidade de Darcy, São Borja. Como filhos da mesma cidade e região, criados e educados como masculino e feminino em um mesmo contexto sociocultural, eles foram socializados sob os mesmos princípios que regiam as relações entre os sexos, e, por conseguinte, haviam sido produzidos um para o outro.[2] Ou seja, o casamento deles pode ser explicado pelo modelo de homem e de

---

2   Aqui o conceito de gênero que orientou a leitura e a interpretação do casamento de Getúlio e Darcy foi desenvolvido por Guacira Louro (1994, p.36): "o masculino e o feminino são construídos através de práticas sociais masculinizantes e feminilizantes, em consonância com as concepções de cada sociedade". Na perspectiva da construção do gênero, o entendimento do fazer-se homem ou mulher insere-se como um processo e não como um dado resolvido no nascimento. Ainda sobre esse assunto, ver Louro (2002) e Muniz (2000).

mulher que se elaborou no período do qual eles eram representantes. Pode-se dizer que Getúlio encontrou em Darcy a mulher para ser sua esposa, pois ela era o modelo ideal para ele desempenhar o seu papel de homem. Nesse modelo, a pureza e a inocência de uma mulher de 15 anos tornam-se credenciais femininas; a diferença de idade entre um e outro se torna elemento que dá supremacia ao homem na construção da esposa e mãe, dotando-a de um marido, um lar, uma família, permitindo cumprir seu papel na divisão dos sexos, procriando e realizando-se na maternidade.

Enfim, pode-se dizer sobre o casamento de Getúlio e Darcy que ele marcou o encontro de um homem e de uma mulher e a formação de um casal em uma determinada época e contexto sociocultural que pode ser explicado como resultado de uma procura: a mulher procurada por Getúlio era uma Darcy e o homem por ela procurado era um Getúlio, porque nascidos e criados compartilhando os mesmos valores, concepções e representações que regiam os gêneros e suas relações.

Darcy casou-se com um homem que já iniciara a carreira política, e esse papel acompanharia o casamento e a maternidade. Do casamento até a ascensão de Getúlio ao poder supremo do país, em 1930, como chefe do governo provisório, Darcy fora antes a esposa do advogado e deputado estadual Getúlio Vargas (1909-1913; 1917-1921), do deputado federal pelo Rio Grande do Sul (1922-1926), do ministro da Fazenda no governo Washington Luis (1926-1927) e do governador do Estado do Rio Grande do Sul (1928-1930). Em 1951 ela voltaria a ser a esposa do presidente da República, com o retorno dele ao poder, lá permanecendo até sua morte, em 1954, quando Getúlio suicidou-se.

Para a história das mulheres, as décadas iniciais do século XX – período em que Getúlio caminhava na política e Darcy iniciava seu percurso no casamento e na maternidade – foram decisivas as lutas femininas por direitos sociais e políticos, marcando um importante momento e uma relevante etapa das reivindicações feministas.

No Brasil, na primeira metade do século XIX, observam-se tentativas isoladas de algumas mulheres para introduzir no país as idéias emancipatórias que eram debatidas nos países europeus desde o século XVIII. Uma das precursoras foi Nísia Floresta (1809-1885), que havia

MULHER E POLÍTICA 27

morado na Europa e traduziu, em 1832, a obra pioneira da feminista inglesa Mary Wollstonecraft, *Uma reivindicação pelos direitos da mulher*. Entre as causas abraçadas, estava a educação para as mulheres, para que pudessem ocupar uma posição social melhor, ter liberdade de religião e ver abolida a escravatura.[3] Durante a segunda metade do século XIX, um pequeno grupo pioneiro de feministas brasileiras encontrou na imprensa, principalmente nos jornais editados pelas mulheres, uma maneira de proclamar e de difundir a insatisfação com relação aos papéis atribuídos a elas pelos homens. Buscavam incitar mudanças no *status* econômico, social e legal das mulheres.

Apenas no início do século XX surgiriam as primeiras organizações feministas de luta pelos direitos da mulher. Em 1920 foi fundada, no Rio de Janeiro, por Bertha Lutz e Maria Lacerda de Moura a Liga para a Emancipação Intelectual da Mulher, que se transformaria, em 1922, na Federação Brasileira pelo Progresso Feminino, cujos objetivos fixados foram: a) promover a educação da mulher e elevar o nível de instrução feminina; b) proteger as mães e a infância; c) obter garantias legislativas e práticas para o trabalho feminino; d) auxiliar as boas iniciativas da mulher e orientá-la na escolha de uma profissão; e) estimular o espírito de sociabilidade e de cooperação entre as mulheres e interessá-las pelas questões sociais e de alcance público; f) assegurar às mulheres os direitos políticos que a nossa Constituição lhes confere e prepará-las para o exercício inteligente desses direitos; e g) estreitar os laços de amizade com os demais países americanos, a fim de garantir a manutenção perpétua da Paz e da Justiça no Hemisfério Ocidental (Hahner, 1981, p. 107).

---

3   A menção a Nísia Floresta constitui recurso narrativo com o objetivo de mostrar a variedade de experiências femininas observadas entre as mulheres e compor o quadro da relação estabelecida pela mulher com a política observada no mesmo período histórico. É importante também destacar que o mapeamento sobre a atuação das mulheres e suas lutas para a conquista dos direitos sociais e políticos foi realizado com base nos estudos de June Hahner (1981, 2003). A trajetória do feminismo e das feministas também foi abordada por Roncaglio (1996). Para conhecer mais sobre a trajetória de Nísia Floresta, ver Dépêche (2000).

28 IVANA GUILHERME SIMILI

Enquanto no cenário nacional várias mulheres se ocupavam de questões que diziam respeito ao feminino – igualdade de direitos sociais e políticos – e criavam uma trajetória marcada pelo envolvimento na defesa do acesso da mulher à educação, à participação na vida pública, na esfera da política, Darcy Vargas construía um percurso como esposa de um homem público, com uma atuação pública e política e como mãe de seus filhos.

Dos cinco filhos de Vargas, Alzira Vargas, a filha, se transformaria na principal articuladora das imagens e representações memorialísticas acerca da trajetória familiar e política. Alzira nasceu em 1914 e morreu em 1992. Pouco antes de sua morte, foi entrevistada por Ângela de Castro Gomes (1996) que sensivelmente compôs uma radiografia sobre a mulher pública que a filha dos Vargas fora: uma mulher que participara da vida pública do país com repercussão e reconhecimento. De 1940 a 1980, Alzira Vargas participara intensamente da política de forma singular. Sua singularidade estaria relacionada à forma de acesso à política "pela forma de acesso e pelas condições de fazer política" que marcaram seu desempenho e que devem ser associados aos vínculos familiares. Isso porque foi, na condição de filha de Getúlio e Darcy e de esposa de Ernani do Amaral Peixoto, cujo casamento aconteceu quando ele era interventor do Rio de Janeiro, que ela participou privilegiadamente dos círculos mais restritos do poder, podendo conhecer e acompanhar "de dentro de casa" a trama e os personagens principais da vida política do Brasil.[4]

O livro *Getúlio, meu pai*, publicado por Alzira Vargas em 1960, constitui um dos momentos em que a "guardiã" da memória familiar e política expõe suas lembranças. A publicação do livro ocorreu seis anos depois da morte do pai, em 1954. No livro, pela dor da perda do pai e numa tentativa desesperada e sofrida de exorcizar lembranças, Alzira narra a trajetória familiar e política dos Vargas, reunindo memórias, até o fracassado golpe integralista de 1938.

---

4   Esse perfil de Alzira Vargas foi traçado por Ângela de Castro Gomes (1996) no artigo publicado após entrevista feita com a personagem, pouco antes de sua morte, em 1992. Nele, a autora destaca os aspectos pessoais e políticos de Alzira.

MULHER E POLÍTICA **29**

Além do livro publicado em 1960, outro documento no qual se nota a participação da "guardiã" Alzira na produção da memória familiar e política é o *Diário*, escrito por Getúlio Vargas entre 3 de outubro de 1930 e maio de 1942, e publicado em 1995 pelo CPDOC da Fundação Getúlio Vargas.

Na apresentação do *Diário*, Celina Vargas do Amaral Peixoto, filha de Alzira Vargas e de Ernani do Amaral Peixoto, relata o percurso trilhado pelos escritos do avô até sua publicação. Celina conta que, depois da morte da mãe, em 1992, começou a organizar o conjunto de documentos pertencentes à família – dos pais e dos avós, Getúlio e Darcy –, os quais, depois de identificados, foram encaminhados para arquivos distintos da família e para o CPDOC. Durante o processo de seleção e encaminhamento da documentação, Celina afirma que iniciou a leitura do "diário" e, junto com ele, teria encontrado, com a "letra inconfundível de sua mãe", "um índice analisando nove dos treze cadernos deixados por Getúlio Vargas".

Antes da publicação do *Diário*, as anotações feitas por Getúlio Vargas foram conhecidas por Alzira e Celina. Embora Celina afirme que o conteúdo destinado ao conhecimento público com a publicação do documento não sofreu nenhuma alteração como obra publicada, após o exame de filha e neta, ela sofreu os crivos do olhar de ambas. Ao autorizarem a publicação e permitirem a veiculação das informações nele contidas, as examinadoras informam que o que foi mote das descrições feitas por Getúlio podia chegar ao conhecimento público e que essas informações, ao se tornarem públicas, não provocariam danos à imagem dos personagens envolvidos nas tramas familiares e políticas.

Além desse crivo, há um outro, de Getúlio Vargas, como escritor de um *Diário*. Vargas começou a escrever em 3 de outubro de 1930, quando dava início ao processo revolucionário que marcaria sua chegada ao poder como chefe do governo provisório. O projeto de escrita foi interrompido em maio de 1942, quando o presidente sofreu um acidente de carro que o obrigou a permanecer no Rio de Janeiro para recuperar-se e que o impediu de ir até o Palácio do Rio Negro, em Petrópolis, local escolhido pelo governante para descansar e onde havia deixado o diário que estava escrevendo. Esse diário é o resultado

30 IVANA GUILHERME SIMILI

de doze anos de escrita, e o que mais chama a atenção nele é a relação do homem Getúlio Vargas com sua família, mulher e filhos, em meio aos negócios da política.

No que se refere à história de vida, Pierre Bourdieu (2002) produz reflexões que podem ser transpostas às análises dos trabalhos de memória produzidos por Alzira e Getúlio Vargas. O autor alerta para a "ilusão biográfica" gerada pelo indivíduo em que, ao contar sua vida ou expor suas memórias, atuaria como ideólogo de sua própria história, selecionando certos acontecimentos significativos em razão de uma intenção global e estabelecendo entre eles conexões adequadas para dar-lhes coerência, nos quais os sentidos são produzidos por uma retórica ordenadora marcada pela descontinuidade do real. Tratar-se-ia de um esforço de representação, ou melhor, de produção de si mesmo, realizada pelo memorialista.

No processo de produção de uma imagem de e para si e para o outro, operam os trabalhos de memória, porque a memória é trabalho.[5] No livro escrito por Alzira Vargas, *Getúlio, meu pai*, bem como no *Diário* produzido por Getúlio Vargas, como trabalhos memorialísticos estão presentes os crivos, as seleções realizadas pelos escritores, acomodando no ato da escrita os interesses em jogo durante o ato da rememoração, ressignificando noções, escolhendo o que podia ou não ser escrito, a maneira como os personagens, objetos das rememorações, deviam ser conhecidos e reconhecidos publicamente, em que a idealização de si e do outro foi um dos componentes conscientes ou inconscientes na produção das imagens e representações.

Segundo Burke (2002, p.79), a família é "o exemplo mais óbvio de uma instituição composta de um conjunto de papéis mutuamente dependentes e complementares". Na família Vargas, Getúlio ocupava a

---

5 Nos estudos sobre memória e suas formas de expressão e comunicação – história oral, depoimentos orais e escritos –, a concepção norteadora é a de que a memória é trabalho no qual estão embutidos os processos de memória: os esquecimentos, os arranjos e os rearranjos no ato da rememoração e as seleções realizadas por quem lembra, que ressignificam as noções e os sentidos do passado no presente. Sobre isso, ver Halbwachs (1990), Bosi (1987), Ferreira & Amado (1996) e Simili (1995).

MULHER E POLÍTICA 31

posição de marido de Darcy e pai dos filhos do casal; Alzira, o de filha.

Conseqüentemente, nas narrativas elaboradas pelos memorialistas, porque produzidas por atores que ocupavam uma determinada posição na família, encontram-se descrições para os papéis concebidos aos protagonistas na vida familiar: para o pai, para a mãe e para os filhos.

Giovanni Levi (2002, p.174), ao focar sua atenção na diferenciação estabelecida por Bourdieu entre *"habitus* de grupo" e *"habitus* individual"*, atenta para a homologia existente entre "o estilo próprio de uma época ou de uma classe" e o que diz respeito à "singularidade individual". Para o autor, essa homologia remeteria e refletiria a diversidade na homogeneidade, característica de suas condições sociais de produção que uniria os *habitus* singulares de diferentes membros de uma classe. Conclui Levi: "A infinidade de combinações possíveis a partir de experiências estatisticamente comuns às pessoas de um mesmo grupo determina assim a 'infinidade de diferenças singulares' e também 'a conformidade e estilo do grupo'".

Pelos depoimentos de Alzira e Getúlio Vargas, é possível acompanhar as representações elaboradas acerca da mãe e da esposa que foram construídas no casamento e na maternidade, revelando como a singularidade e a conformidade combinaram-se na trajetória da personagem. Como mãe e esposa, Darcy teve uma experiência compartilhada social e culturalmente com outras mulheres que desempenharam esses papéis no início do século XX. Entretanto, é possível identificar, nos depoimentos, a criação de uma esposa e mãe pela política, marcando sua diferença e singularidade no grupo do qual fazia parte. A elaboração de percursos para a esposa de um homem público e para a mãe dos filhos de um político pode ser apreendida por meio das imagens e representações elaboradas para Darcy Vargas, que permitem conhecer um pouco mais essa personagem.

Esta é uma imagem moldada para Darcy, presente no livro escrito por sua filha:

> Tomei conhecimento da existência de meu Pai em começos de 1923, quando o perdi pela primeira vez. Até então ele pouco representava para mim. Nossa vida girava em torno da mamãe. Era ela quem decidia sobre

colégios, roupas, castigos e prêmios. Somente quando se cansava de lutar contra nossa insubordinação, dizia a frase mágica que restabelecia a ordem: "Eu conto a seu pai". Se queria fazer alguma concessão extra, sem perder a autoridade, propunha: "Vou consultar seu pai". Quando as pretensões não eram de seu agrado, vinha a bomba: "Perguntem a seu pai, se ele deixar...". Água na fogueira! Mamãe sabia que não nos atrevíamos a perturbá-lo. Ele estava sempre lendo, estudando processos, recebendo constituintes e eleitores ou então viajando pelos municípios vizinhos para defender uma causa. Nós o admirávamos e o respeitávamos à distância e seu gabinete era tabu para nós. (Peixoto, 1960, p.1)

Em 1923, data fixada por Alzira Vargas para sua recordação, a família morava no Rio de Janeiro, visto que o pai era deputado federal pelo Rio Grande do Sul. Alzira deixa claro: os domínios do privado, da família eram o espaço de atuação e da vida da esposa e mãe Darcy Vargas. O do pai era o trabalho político, que era percebido e identificado no privado.

Uma atuação ordenada pelos conceitos de privado e de público para a mãe e para o pai subjaz das lembranças de Alzira Vargas, revelando as concepções dos sujeitos acerca dos espaços que deviam ocupar e de suas atribuições: para Getúlio, a vida pública; para Darcy, a vida privada da família e dos filhos.

Conforme Denise Jodelet (2001, p.8), as representações sociais podem ser definidas como uma "forma de conhecimento socialmente elaborada e compartilhada, que tem um objetivo prático e concorre para a construção de uma realidade comum a um conjunto social". Compõem-se as representações sociais de elementos informativos, ideológicos, normativos, crenças, valores, atitudes, opiniões, imagens etc., que são organizados sempre sob a aparência de um saber que diz algo sobre o estado da realidade.

Particularmente no final do século XIX e início do XX, nos saberes hegemônicos – médico, político, jurídico, literário e pela imprensa –, os conceitos de público e de privado serviram para criar representações acerca dos espaços de atuação para homens e mulheres, com base em pressupostos sexistas. Nessas representações, o poder e a política aparecem como atividades masculinas, pela capacidade e pelas habi-

MULHER E POLÍTICA 33

lidades "naturais" dos homens para a racionalidade, para o controle das emoções e para a tomada de decisões, entre outras características e competências. E a vida privada como espaço feminino, pelas qualidades e propensões também "naturais" das mulheres para a casa, a família e a maternidade.[6] Ao revelar que a vida da mãe estava orientada para o privado e doméstico (o cuidado da família e dos filhos), Alzira Vargas informa a representação incorporada e orientadora da vida e da atuação materna. Por serem as representações socialmente elaboradas e incorporadas, tratando daquilo que o pai e a mãe realizavam, Alzira Vargas também emite os sinais das concepções dos sujeitos que povoavam os universos feminino e masculino da época e cultura em que viviam.

Desse modo, pelas lentes de Alzira Vargas aparecem expostas as bases da cultura familiar que os Vargas assimilaram e reproduziam. De acordo com Jeni Vaitsman (2001), nas décadas iniciais do século XX institucionalizou-se a família conjugal moderna que se desenvolveu com a construção de uma cultura familiar, enfatizando a privacidade, o amor materno e a criança, tornando a mulher a própria encarnação de tudo aquilo que a vida privada e familiar passou a significar no imaginário social. No mundo ocidental, essa cultura – com suas especificidades e conflitos próprios em cada contexto – legitimaria, durante mais de três séculos, a segregação das mulheres da nova sociabilidade pública, lugar das atividades políticas, educacionais, artísticas, culturais, empresariais, científicas e administrativas (sobre mulher e família, ver tb. Samara, 1986, 1989; D'Incao, 1997).

Darcy Vargas: esposa e mãe de família. Essa é a síntese da imagem construída por Alzira Vargas. Uma mãe presente na vida dos filhos e dependente do marido, e que, diante das travessuras dos filhos, valia-se de frases admoestadoras de impacto: "Eu conto a seu pai", para ameaçar e colocar ordem na casa.

---

6 Os estudos sobre mulher e gênero vêm abordando a apropriação das representações de público e privado na ordenação dos espaços e de atuação sexual, sob diferentes perspectivas temáticas (cf. Muraro et al., 2001; Costa & Bruschini, 1992; Bruschini & Unbehaum, 2002).

34   IVANA GUILHERME SIMILI

Tratava-se de uma mãe que não se sentia com autoridade para educar e resolver sozinha as dificuldades surgidas no contato cotidiano com os filhos, usando estrategicamente o medo e o respeito que a figura paterna inspirava para intimidar. Um pai poderoso, uma esposa e mãe dominada pelo marido: eis a forma assumida pelo casal no retrato elaborado por Alzira.

Segundo Bourdieu (2002, p.52), "o poder simbólico não pode se exercer sem a colaboração dos que lhe são subordinados e que só se subordinam a ele porque o constroem como poder".[7] Na postura de Darcy em seu relacionamento com os filhos, estão os sinais da construção de um poder masculino e paterno, superiores ao feminino e materno. Recorrendo à figura paterna na sua ausência para solucionar os problemas domésticos, Darcy, como mãe, investia o marido de um poder superior ao seu. Ao invocar o pai, a mãe revelava aos filhos e ao marido uma mulher submetida ao poder paterno, indicando, assim, que na família era a ele a quem deviam obedecer. Como conseqüência, os filhos também incorporavam essa diferença, respeitando e acatando mais a um do que ao outro.

Muito embora essa fosse uma prática comum na maioria dos lares brasileiros no período estudado, não se pode esquecer que Darcy foi a esposa de um homem público e político, e não de qualquer um. Tratava-se de Getúlio Vargas. Eis uma diferença marcante na trajetória de Darcy. As mudanças que o percurso político traçado pelo pai introduziu no seio familiar podem ser avaliadas nesta citação:

> Algo de novo estava acontecendo em nossa vida. Papai ficava até tarde, auxiliado por mamãe, cifrando e decifrando telegramas. Durante o dia pouco parava em casa. Convites e mais convites começaram a aparecer com

---

7   Considerando a dominação masculina como "forma paradigmática simbólica", Bourdieu (2002) demonstra (apoiado especialmente em um estudo etnográfico) o quanto se inscreve nos corpos dos sujeitos dominados, no caso das mulheres, determinados gestos, posturas, disposições ou marcas de sua submissão. O autor afirma que o mundo social exerce uma espécie de golpe de força sobre os sujeitos, imprimindo em seus corpos não apenas um modo de estar no mundo, mas todo um "programa de percepção".

MULHER E POLÍTICA 35

mais assiduidade. [...] Papai fora feito líder da bancada rio-grandense na Capital. [...] Aprendi mais uma porção de coisas. [...] aprendi o significado da expressão "sombra do poder". Parentes, amigos, pessoas que até então jamais haviam tomado conhecimento de nossa existência, começaram a nos visitar. [...] De repente a campainha da porta e o telefone não paravam mais de tocar. Papai havia sido convidado pelo Presidente Washington Luís. (Peixoto, 1960, p.31)

Alzira Vargas indica nesse trecho a fase de transição política do pai, de deputado federal para ministro da Fazenda do governo de Washington Luís. No fragmento, ela sugere que, aos poucos, à medida que o pai foi galgando postos políticos, a política tornava-se nítida na vida privada, alterando o cotidiano familiar.

Em razão do trabalho político, Darcy, como esposa, ajudava o marido "no deciframento dos telegramas". Com as "sombras do poder", a família se vê compelida a suportar pessoas, aceitando a "novidade" e a mudança no cotidiano, para preservar a imagem e os interesses do homem público.

Por volta de 1938, Alzira Vargas visitou Porto Alegre. Lembrando-se da viagem, escreveu:

Deu-me saudades dos tempos em que esperávamos impacientes que Artur Runinstein ou Pery Machado, o jovem violinista gaúcho, acabassem seus concertos, Zita Coelho Neto, Margarida Lopes de Almeida ou Bertha Singerman terminassem seus recitais de declamação. (ibidem, p.345)

No registro, Alzira Vargas se lembrava do "grande salão de festas, o mesmo onde mamãe costumava dar suas recepções à sociedade porto-alegrense", quando o pai era governador do Rio Grande do Sul.

Por intermédio das lembranças de Alzira Vargas, é possível dimensionar a esposa que o convívio com Getúlio Vargas foi produzindo: uma mulher disposta a ajudá-lo no trabalho político, que teve de se acostumar com as pessoas e seus interesses no homem público, que foi se habituando com as recepções e as festas sociais e políticas.

O parágrafo anterior remete à reflexão dos escritos de Bourdieu (2002, p.97) ao afirmar que a exclusão das mulheres dos jogos do

36 IVANA GUILHERME SIMILI

poder – do universo das coisas sérias, dos assuntos públicos e especialmente dos econômicos – e o confinamento delas ao universo doméstico fazem que elas sejam preparadas para deles participar por procuração, ou seja, por intermédio dos homens que neles estão envolvidos, maridos ou filhos. Pelos homens, as mulheres participam dos jogos dos quais estão excluídas. Em suas palavras, "a socialização diferencial predispõe os homens a amar os jogos de poder e as mulheres a amar os homens que o jogam".

Se o retrato da esposa, passível de ser captado pelo foco da filha, sugere que, ao longo da trajetória política de Getúlio Vargas, a mãe foi sendo preparada, aprendendo a lidar com o homem público e com os seus interesses nos jogos, contribuindo com sua atuação como esposa e como mãe para que o marido se desse bem nos lances políticos, os registros rememorativos de Alzira Vargas acerca do processo "revolucionário" iniciado por Getúlio Vargas, no dia 3 de outubro de 1930, no Rio Grande do Sul, oferecem as evidências necessárias que completam o quadro da participação materna na vida política do marido:

> Só depois desse dia trágico [3 de outubro] despertei para a realidade próxima e passei a observar melhor pequenos detalhes que até então pareciam sem importância. Papai ultimamente voltava mais cedo para casa. Seu gabinete, que antes permanecia aberto, agora ficava fechado. [...] Mamãe nos mandava deitar mais cedo e dispensava os empregados. Durante a noite, eu ouvia o som da campainha de entrada, e era só ela quem abria. (Peixoto, 1960, p.51-2)

Segundo Hahner (1981, p.16), as mulheres devem ser estudadas nos seus próprios termos, "à luz das atividades que executam e das posições que ocupam em suas próprias sociedades". Na rememoração indicada anteriormente, aparecem os sinais de um tipo de participação de Darcy nos jogos políticos de Getúlio Vargas, o que reflete a posição que ela deveria ocupar na família. Das tramas políticas de Getúlio Vargas, articuladas em casa à noite, ela podia participar "abrindo a porta" para os revolucionários e cuidando para que os filhos não tivessem acesso ao que acontecia, pondo-os mais cedo para dormir.

MULHER E POLÍTICA 37

Essa passagem não deixa de ser um indicativo de que aos filhos era interditado o acesso às questões de natureza política que, não obstante, eram, de alguma forma, partilhadas pela mãe.

A descrição de Alzira Vargas sobre o dia 3 de outubro, do início da "Revolução de 30",[8] outros aspectos, no entanto, são deslindados:

> Os dias continuavam iguais, mas as noites eram sempre diferentes até o dia 3 de outubro. Às 8 horas da manhã fomos para o colégio e voltamos às 4 da tarde, como habitualmente. Mamãe nos esperava à porta. Mandou Manoel Antonio e Getúlio tirarem o uniforme rapidamente e me chamou com ar preocupado: "A Revolução vai rebentar hoje às 5h15 e não quero que vocês durmam aqui. Irão para a casa de uns amigos nossos". Quis reagir, pois preferia ficar. "Você tem de ir para tomar conta de seus irmãos", disse com sua irretorquível voz de comando. (ibidem, p.53-4)

Alzira Vargas nasceu em 1914; em 1930, ela tinha 16 anos. Daquele dia ela se lembra do "ar preocupado" com que a mãe aguardava o retorno dos filhos da escola para comunicar-lhe que a "revolução ia estourar". Para o dia 3 de outubro, Getúlio Vargas (1995, v.1, p.3-4) escreveu no seu *Diário*:

> às onze e meia, revi o artigo d'Federação sobre a mensagem. Feita a *toilette*, almocei tranqüilamente com a minha família e depois fui jogar uma partida de *ping-pong* com a minha mulher, como costumo fazer todos os dias a essa hora. Durante o jogo, chegou meu sobrinho Vargas Neto. Subi novamente ao primeiro andar do palácio. Chegaram meu irmão Protásio e seu sogro Agnelo Correia. Vinham combinar para levar meus filhos para a casa deste, pois minha mulher se recusa a afastar-se. Despediram-se as visitas e segui para a sala de despacho do palácio.

Se na ótica de Alzira Vargas a mãe apresentava um "ar preocupado", os registros de Getúlio Vargas sugerem a continuidade da rotina da vida

---

8   As expressões "Revolução de 30" e "revolucionários" foram utilizadas para preservar os termos utilizados pelos narradores, Getúlio e Alzira Vargas, o que justifica o emprego de aspas. Sobre o significado histórico da chamada "Revolução de 30", ver Fausto (1975).

38 IVANA GUILHERME SIMILI

cotidiana que incluía o "jogo de *ping-pong*" com a mulher, depois do almoço. Não se pode esquecer que Getúlio escrevia com uma finalidade de tornar público sua ação política cotidiana. Isso certamente o levava a se preocupar com os sentidos que seu texto deveria portar: como torná-lo confiável para o leitor, como fazer que o leitor acreditasse nas palavras ali contidas? É necessário, portanto, ponderar a todo instante sobre aquilo que está escrito, com a "verdade" dos acontecimentos e a "verdade" pretendida por Getúlio. Em seus escritos, Vargas também procura deixar o registro de sua preocupação acerca da segurança familiar quando a Revolução fosse deflagrada. Queria que a família deixasse o palácio e se abrigasse em outro lugar. Pairava um ambiente de preocupação sobre a família Vargas, principalmente com relação aos filhos. Darcy ficou com Getúlio Vargas, no Palácio, e os filhos foram afastados.

Para o dia seguinte ao estouro da Revolução, em Porto Alegre, Alzira Vargas escreveu:

> Exausta pelas emoções, mamãe não teve forças para me obrigar a deitar cedo. Fiquei sendo a dona da porta. Introduzia os revolucionários no gabinete de Papai, enquanto mamãe descansava ou atendia as senhoras dos conspiradores que, cansadas de um longo silêncio, podiam agora comentar os fatos. Ninguém dava importância ao "porteiro", de modo que podia ficar ouvindo história dos preparativos, dos sustos, das hesitações, os fatos cômicos e trágicos daqueles dias. (Peixoto, 1960, p.55)

Esse trecho sugere que a participação de Darcy na trama da Revolução foi muito além de "abrir a porta" para os revolucionários. Ela havia acompanhado o desenrolar das articulações políticas e, passada a fase em que o segredo era peça-chave para o sucesso do empreendimento político, enquanto Getúlio atende os "conspiradores", se arranja e se entende com as "mulheres dos conspiradores".

A articulação de Darcy com as "mulheres dos conspiradores" também tomou parte e foi instrumento político importante na "Revolução de 30", conforme uma outra passagem dá a entender:

> Mamãe desejosa de auxiliar em alguma coisa fundara em Porto Alegre a Legião da Caridade. Ao chamado de "Rio Grande do Sul, de

MULHER E POLÍTICA 39

pé pelo Brasil", vários voluntários largaram famílias, trabalho, interesse e partiram sem olhar para trás. A Legião da Caridade nasceu da necessidade de fornecer mantimentos e remédios às famílias dos incontroláveis Dom Quixotes. Aos domingos e feriados, eu tinha licença para ir ajudar. O perfume teimoso do charque penetrava nos pulmões e o sol sobre o telhado de zinco de um barracão no cais do porto queimava os miolos das dedicadas voluntárias. Mas a distribuição de víveres se fazia sem interrupção. (ibidem, p.67-8)

Segundo Alzira Vargas, a fórmula encontrada pela mãe para auxiliar na causa revolucionária foi a Legião de Caridade. Foi para ajudar o marido e a sua luta que ela organizou a Legião. Ao dizer que a mãe fundara uma associação filantrópica para ajudar as famílias dos revolucionários, a filha Alzira procura atribuir um papel de colaboradora do pai, de apoio à sua causa. Para discutir a filantropia, não se podem ignorar as considerações de Jacques Donzelot (1986, p.55-6), para quem

não se pode conceber a filantropia como uma fórmula ingenuamente apolítica de intervenção privada na esfera dos problemas sociais, mas sim como uma estratégia deliberadamente despolitizante face à instauração dos equipamentos coletivos, ocupando uma posição nevrálgica, eqüidistante da iniciativa privada e do Estado.

A assistência praticada por meio dessa filantropia deixava clara sua natureza: um socorro e atendimento de emergência, que não se convertessem em um direito à pobreza (Adorno, 1990, p.17). Essas questões são consideradas quando se observa a ação de Darcy Vargas em colaborar na luta do marido exercendo a filantropia. Delineiam-se aí múltiplas razões que envolvem vínculos entre assistidos e quem presta a assistência, de onde a necessidade da retribuição. Também a prática da caridade que é algo bem-visto para as mulheres que pertencem às classes sociais mais privilegiadas, além de ser um tipo de ação política praticada de forma emergencial, mas que não consiste em direitos aos beneficiados, o que, por conseguinte, leva à retribuição em forma de apoio a quem faz a doação.

40 IVANA GUILHERME SIMILI

Esse tipo de atuação pode ser entendido ainda como uma forma de atuação feminina cabível nos movimentos políticos realizados pelos homens. June Hahner (1981, p.45) abordou esse aspecto ao lembrar que, em diferentes momentos da história política brasileira, as mulheres foram chamadas a participar das lutas masculinas. No movimento abolicionista, a participação das mulheres ocorreu por intermédio da ajuda prestada para o levantamento de fundos para libertar os escravos, sem que tivessem acesso aos debates públicos sobre a emancipação. Elas puderam participar para dar "graça" aos encontros abolicionistas com árias e concertos de pianos, executados pelas filhas ou esposas dos líderes abolicionistas. As mulheres se encarregaram de vender flores e doces em favor da causa. Iam para as ruas e locais movimentados, como igrejas e cemitérios, para angariar fundos. Embora essas atividades exigissem uma certa resolução e determinação para suportar o desconforto físico, tal como permanecer na rua e até na chuva, durante todo o dia, também podiam reforçar a imagem feminina de nobreza e do auto-sacrifício.

Ainda de acordo com Hahner (1981), algumas mulheres até chegaram a estabelecer suas próprias sociedades abolicionistas, mas eram freqüentemente mantidas ou sugeridas pelos homens. Poucas mulheres falaram publicamente nos tópicos envolvidos na abolição, mantendo-se sempre em posições secundárias e auxiliares.

Tal como muitas mulheres haviam feito antes de Darcy, cabia a ela auxiliar os homens em suas lutas em posição tida como secundária, preservando a diferença da atuação de gênero: ao homem a discussão e a ação política, às mulheres, as festas e outras formas de arrecadação de fundos. É com esse mesmo sentido que aparece a atuação da esposa de Getúlio em contribuir com a "Revolução de 30", colocando a filantropia a serviço da luta política.

Como uma organização feminina baseada na arregimentação de mulheres para o trabalho de caridade, a Legião da Caridade, criada por Darcy Vargas em 1930, é emblemática sob muitos pontos de vista. O primeiro diz respeito à maneira como os movimentos políticos dos homens compeliram as mulheres a assumirem posições sociais.

Em contraste com o movimento abolicionista, o processo revolucionário de 1930 e, antes dele, o Movimento Farroupilha, também

MULHER E POLÍTICA 41

desencadeado no Rio de Grande do Sul, e, depois dele, o Movimento Constitucionalista de 1932, liderado por São Paulo, bem como a participação do Brasil na Segunda Guerra Mundial entre 1942-1945, apresentavam características diferentes. A saída dos homens do grupo familiar para engrossar as fileiras nas frentes de batalha teve como contrapartida a permanência das mulheres e a necessidade de elas assumirem outras posições na família para suprir a ausência masculina, inclusive a de sobrevivência.

Outro ponto diz respeito ao emprego da caridade. Conforme observado por June Hahner (1981, p.45), no contexto da luta das mulheres pela conquista dos direitos sociais e políticos do século XIX, uma das frentes de atuação social inaugurada pelas mulheres da elite e dos segmentos médios foi a benevolência "como antídoto para uma existência inútil e tediosa" e como forma de corrigir as "imperfeições sociais" vigentes no país. Essas mulheres queriam se tornar membros úteis à sociedade, opondo-se a um mundo que as mantinha ocupadas com a invenção de novas modas ou lhes proporcionava "tantas reuniões que estafamo-nos a falar dos outros em vez de trabalharmos por todos", ou que as arrancava das escolas secundárias, "quando mal começamos a ler, rabiscar, somar, diminuir, multiplicar, para comparecer a festas, ficar à janela e dormir até às 10 e 11 horas do dia".

Hahner (1981) também identificou, nas iniciativas e nas práticas benevolentes dessas mulheres, um momento em que importantes passos foram dados por elas fora do lar, os quais tinham a aprovação masculina, pois evocavam a natural e tradicional benevolência feminina, ou seja, designavam a combinação de tarefas apropriadas ao feminino.

Tal como fizeram as mulheres do século XIX, havia na Legião da Caridade, como uma organização criada por uma mulher, o desejo feminino de "tornar-se útil" em uma luta política. Há também um conceito de caridade guiando as práticas que estão embutidas "na entrega de víveres" realizada pelas "voluntárias no barracão de zinco" e em outras, conforme este registro:

> Nas intermináveis noites de expectativa, reuniam-se todas as senhoras, amigas de mamãe, para fabricar mantas e meias de lã para os soldados

42 IVANA GUILHERME SIMILI

que partiram em defesa do Governo. Havia frio nas montanhas do Rio. Minhas contínuas incursões pela Secretaria preocupavam mamãe. Conseguiu prender-me por alguns dias, apelando para meu espírito solidário. Cheguei a concluir umas poucas mantas, menos difícil para mim, enquanto meditava sobre o que estava acontecendo. (Peixoto, 1960, p.62)

O "processo revolucionário" iniciado por Getúlio Vargas em 3 de outubro de 1930, em Porto Alegre, terminaria no início do mês seguinte, com a chegada da tropa revolucionária ao Rio de Janeiro e com o golpe que marcou a chegada de Vargas ao poder, como chefe do governo provisório.[9]

Alzira Vargas, nesse fragmento, narra a reunião de mulheres para a confecção de "mantas e meias de lã" para os soldados. Ela mostra que, enquanto "eles" lutavam, "elas" colaboravam, produzindo peças e entregando mantimentos para garantir a sobrevivência das famílias.

Nas práticas de Darcy Vargas e das mulheres, é nítido o conceito de caridade: o sentimento de solidariedade e de fraternidade humana direcionando a atuação assistencial, o trabalho missionário com forte inspiração religiosa de amor ao próximo, a ajuda prestada pelos ricos aos pobres em que as esmolas são dadas e as doações feitas para o alívio dos problemas enfrentados pelos segundos, visando, com as ações, ao alívio imediato das dificuldades por eles vivenciadas.[10]

É importante lembrar que as ações assistenciais de mulheres, orientadas pela caridade, encontraram, durante a Primeira República, um terreno fértil para a sua disseminação pelo corpo social. No período, a "questão social", como um problema concreto que se formou a partir do processo de industrialização e do surgimento do operariado e de suas

---

9 É importante destacar que a chegada de Getúlio ao poder presidencial em 1930 foi marcada por um golpe. As interpretações acerca do significado histórico-político da "Revolução de 30" são muitas. Questões relacionadas ao papel do Estado, da burguesia e da classe operária pontuam as interpretações e as explicações sobre a "Revolução de 30" e a ascensão de Getúlio Vargas ao poder (cf. Fausto, 1975; Weffort, 1978; Chaui, 1978; De Decca & Vesentine, 1976).

10 Para aprofundar questões relacionadas à evolução histórica dos conceitos e das práticas assistenciais, ver Iamamoto & Carvalho (1991), Lima (1991) e Belfiore (1985).

MULHER E POLÍTICA 43

reivindicações, não se inscrevia como tema do pensamento dominante. A classe dominante, detendo o monopólio do poder político e, por conseqüência, o poder de definir o que tinha legitimidade, colocava a questão social como ilegítima, subversiva, a ser tratada pelos aparelhos repressivos do Estado. Daí a ser sentenciada na Primeira República como "caso de polícia" (Cerqueira Filho, 1982, p.52).

O tratamento dispensado pelo Estado à questão social na Primeira República, que não a considerava um problema público, fez que a área da assistência estivesse quase exclusivamente nas mãos de associações particulares. Ainda sobreviviam muitas irmandades religiosas oriundas da época colonial, que ofereciam a seus membros apoio para tratamento de saúde, auxílio funerário, empréstimos e mesmo pensões para viúvas e filhos. Existiam também as sociedades de auxílio mútuo que eram uma versão leiga das irmandades e antecessoras dos modernos sindicatos. Sua principal função era dar assistência social aos membros. Irmandades e associações funcionavam em base contratual, isto é, os benefícios eram proporcionais às contribuições dos membros. Havia, ainda, as Santas Casas de Misericórdia, instituições privadas de caridade voltadas para o atendimento dos pobres (Carvalho, 2001, p.61).

Logo, para fazer frente aos problemas da pobreza, do desamparo e das precárias condições de vida dos trabalhadores, havia nas cidades: para a infância, os orfanatos, algumas creches, alguns lactários; entidades filantrópico-assistenciais para cegos, surdos, filhos de tuberculosos, leprosos etc.; para assistência aos velhos e às famílias desvalidas, os asilos de velhice, as vilas dos pobres, os dispensários e a ação domiciliar das Conferências Vicentinas e das damas de caridade; na assistência ao trabalhador, os círculos operários, em seus primeiros anos de vida e alguns gestos episódicos de industriais, como Luís Tarquínio, da Bahia, de um Jorge Street, em São Paulo (Pinotti et al., 1958).

No campo, a "pequena assistência" social que existia era exercida pelos coronéis. Assim como controlavam a justiça e a polícia, os grandes proprietários também constituíram o único recurso do trabalhador quando se tratava de comprar remédios, de chamar um médico, de ser levado a um hospital, de ser enterrado. A dominação exercida pelos coronéis incluía esses aspectos paternalistas, que lhes davam alguma legitimidade. Por mais desigual que fosse a relação entre coronel e trabalhador, existia um mínimo de reciprocidade. Em troca do trabalho e da lealdade, o trabalhador recebia proteção contra a polícia e a assistência social em momentos de necessidade (Carvalho, 2001, p.64).

Em síntese: enquanto os problemas relacionados à pobreza, ao desamparo da população foram concebidos como não pertencentes aos assuntos do Estado, enquanto a pobreza foi tida como problema a ser resolvido pela sociedade civil e pela Igreja, deixando seu equacionamento como gesto benemérito dos homens e mulheres bons, criaram-se as bases para o desenvolvimento de práticas caritativas pela sociedade, orientadas pelo ideário de caridade cristã de amor ao próximo, que tinham nas mulheres as suas principais praticantes.

Esse modelo caritativo-filantrópico é o que ressona na Legião da Caridade de Darcy Vargas: uma organização de mulheres para solucionar os problemas imediatos decorrentes de uma luta política masculina; de voluntárias que passavam as noites a produzir mantas e meias de lã para aquecer os homens, suando sob o telhado de zinco de um barracão, doando-se aos homens e às suas disputas.

No final de outubro de 1930, quando o "processo revolucionário" chegava a seu término, uma das preocupações de Darcy Vargas era a obra de caridade que havia criado em nome da "Revolução". Sobre esse fato, Alzira Vargas comenta:

> Encontrei mamãe febrilmente agitada. Queria partir para se encontrar com Papai e saber notícias mais seguras de Luthero, que seguira também, com as tropas, rumo a Itararé. Voltaria depois para nos buscar. Mas tinha tantas coisas a resolver... Precisava assegurar a continuação da Legião da Caridade, enquanto fosse necessária, cancelar nossas matrículas nos colégios, providenciar transferências para que não perdêssemos o ano, guardar os arquivos de Papai, pois ignorava qual seria a seqüência dos acontecimentos, entregar o Palácio a quem de direito, arrumar as malas, desarrumar uma casa, a sexta casa, em menos de 10 anos. (Peixoto, 1960, p.68)

Em meio às preocupações com o marido, com o filho Lutero Vargas, que havia acompanhado o pai, com os filhos que com ela estavam, inseria-se a problemática da continuidade da Legião da Caridade.

MULHER E POLÍTICA 45

Com o término do movimento para a tomada do poder, o sentido da Legião da Caridade, como uma obra de caridade criada em sua razão, também se exauria. Com a vitória dos revolucionários e, particularmente, com a de Getúlio Vargas, mais uma conquista pessoal para o homem público e, conseqüentemente, para a família era obtida.

Para Darcy, impunham-se novas obrigações, tais como a de "fechar a vida" no Rio Grande do Sul e construir uma nova no Rio de Janeiro, acompanhando, assim, o marido na nova trajetória política.

Por intermédio dos materiais produzidos por Alzira Vargas e, em alguns momentos, por Getúlio, foi possível acompanhar a trajetória familiar e política dos Vargas e captar o percurso percorrido por Darcy, como mãe e como esposa de um homem público.

Aspecto destacável nesse percurso foi a maneira como a política, como prática de atuação de um homem público, foi inserida na vida privada e familiar, envolvendo Darcy Vargas e os filhos, fazendo que ela aprendesse a lidar com os jogos políticos e deles participasse.

Até 1930, a imagem possível de ser obtida para Darcy Vargas mostra que se tratava de uma mulher cuja vida se movimentava no ritmo de Getúlio Vargas: de suas necessidades como marido e pai, e de seus interesses como homem público e político. Uma imagem de mulher dominada, submissa, que aceitara que sua vida devia girar em função do marido e dos filhos, que percebera que a importância de sua existência estava justamente em ser a esposa de Getúlio Vargas e a mãe de Lutero, Alzira, Manoel Antonio, Jandira e Getulinho. Para eles, sua presença e "ajuda" eram importantes, e para eles ela se doava.

Um momento significativo em sua trajetória foi a participação no "processo revolucionário de 30". Ao criar a Legião da Caridade e ao coordenar o trabalho feminino de retaguarda na luta política do marido, Darcy se revelou integrada às causas políticas abraçadas por Getúlio Vargas.

Nos anos 1930 e 1940, Darcy daria prosseguimento à sua participação político-filantrópico-assistencial, como a criação da Fundação Darcy Vargas, em 1938, e a ocupação da presidência da Legião Brasileira de Assistência, entre os anos 1942-1945.

Metamorfoses de uma mulher

Um documento significativo acerca da mulher Darcy Vargas que chegou ao poder com Getúlio Vargas, em 1930, é o relato de Chermont de Brito (1983, p.67) publicado na obra biográfico-literária intitulada *Vida luminosa de Dona Darcy Vargas*:[11]

> Fui o primeiro jornalista que entrevistou Dona Darcy quando ela chegou ao Rio. Impressionou-me sobremodo sua mocidade. Ela completaria trinta e cinco anos já como primeira-dama do Brasil. A doçura do trato marcava todos os seus gestos, e conquistava logo a simpatia e admiração. Não parecia assustada com os graves acontecimentos que haviam sacudido o país de norte a sul, antes estava preparada para desempenhar o grande papel que o destino lhe reservara. Um claro sorriso iluminava-lhe o belo rosto, respondendo sempre as perguntas do repórter. E notei: os dias vividos na agitação revolucionária, as graves preocupações com o marido à frente da Revolução, o filho mais velho alistado num dos batalhões de voluntários não lhe deram tempo para cuidar das coisas fúteis. Era uma bela e ilustre senhora de província, que chegava ao Rio, capital da moda e do Brasil.

Pelas lentes de Chermont de Brito (1983), Darcy Vargas é representada como uma mulher jovem, bonita, simpática, preparada para cumprir seu "destino de primeira-dama" do país. O autor, contudo, apimenta sua descrição ao afirmar que, quando ela chegou ao Rio de Janeiro, era uma "bela e ilustre senhora de província, que chegava ao Rio, capital da moda e do Brasil".

---

11   Em 1930, Chermont de Brito era jornalista do *Jornal do Brasil*. No livro *Vida luminosa de Dona Darcy Vargas*, o escritor elaborou uma biografia para a personagem. Trata-se de obra de caráter biográfico, organizada em uma narrativa romanceada, em que a concepção de biografia é linear – os principais fatos e acontecimentos que pontuaram a vida de Darcy Vargas, do nascimento até a morte, construída para ressaltar as "características excepcionais" da mulher, esposa, mãe e primeira-dama. Outras características da obra são o recurso de diálogos imaginários entre personagens e a reprodução de muitas passagens contidas no livro memorialístico de Alzira Vargas, *Getúlio, meu pai* (Peixoto, 1960). É importante destacar também que, segundo Brito (1983), o trabalho foi produzido apoiado em sua relação de amizade com a personagem e por meio de pesquisa documental.

"Destino" e a necessidade de mudanças na personagem estão marcados no fragmento de Brito (1983). Para a esposa de Vargas, a chegada do marido ao poder republicano, como chefe do governo provisório, podia ser interpretada como um destino de mulher que devia ser cumprido pela posição ocupada e pelo papel desempenhado na vida do governante. Brito, ao mencionar sobre como Darcy se apresentava aos olhares públicos, sugere que se tratava de mulher com ares provincianos e, talvez, desatualizada na moda e que algumas mudanças eram necessárias à personagem em razão da importância que ela passava a deter no cenário nacional, como mulher do chefe da nação.

Um dos pressupostos dos estudos de gênero que pode ser transposto para as trajetórias individuais é o conceito de construção. Joan Scott (1990, p. 5) parte da seguinte definição de gênero: "é um elemento constitutivo de relações sociais fundadas sobre as diferenças entre os sexos". Entre os elementos constitutivos das relações, estariam os símbolos culturalmente invocados por uma sociedade, os conceitos normativos que interpretam esses símbolos e que usualmente estão expressos nas doutrinas religiosas, educacionais, científicas, políticas e jurídicas, na política, nas instituições sociais, na própria organização social e, por fim, nas identidades subjetivas, ou seja, "nas maneiras pelas quais as identidades de gênero são realmente construídas pelos sujeitos concretos".

Esta última acepção interessa particularmente: "a construção da identidade de gênero pelos sujeitos concretos". Implícito ao conceito de construção é o de processo. A idéia de processo de construção de identidade remete, por sua vez, a de "sujeito múltiplo e fracionado" (Bourdieu, 2002, p.187).

Nos anos 1930 e 1940, participaram do processo de construção da personagem Darcy Vargas a continuidade de sua posição na família de mãe e esposa, e a criação de um percurso marcado pelo envolvimento com as políticas públicas para a infância e sua atuação na presidência na Legião Brasileira de Assistência, que são índices de mudanças surgidas na identidade e no perfil da mulher.

Pelos documentos, é possível uma aproximação com esse processo de construção da mulher – esposa e mãe, Darcy Vargas, "múltipla" e "fracionada".

48   IVANA GUILHERME SIMILI

Uma esposa perfeita e suas imperfeições

Em 1930, com a chegada de Getúlio Vargas ao poder, instalou-se o governo provisório que perdurou até 1934, quando Vargas foi eleito presidente da República pela Assembléia Constituinte. Segundo Eli Diniz (1999, p.22-3), o período de 1930 a 1934 que corresponderia à primeira fase do governo Vargas, a do governo provisório, Getúlio projetou-se como líder de um movimento vitorioso, o qual, a despeito de sua heterogeneidade ideológica e política, portava uma bandeira reformista. Essa bandeira estava relacionada com a temática da justiça social, com a questão da igualdade e das liberdades políticas, com o desafio de suprimir as grandes disparidades sociais que marcavam a sociedade brasileira e eliminar as barreiras sociais que tolhiam o desenvolvimento da cidadania política. Tratava-se, enfim, de instaurar um novo padrão de relacionamento entre classes possuidoras e classes subalternas, de forma a atenuar a opressão excessiva então exercida pelas elites dominantes, impondo limites institucionais ao seu poder e expandindo os direitos civis e políticos para novos segmentos da sociedade. Expressão dos ideais libertários dos anos 1930 teria sido a realização das grandes reformas políticas representadas pela introdução do voto secreto, pela criação do tribunal eleitoral, pelo reconhecimento do direito de voto para as mulheres, pelas medidas destinadas a combater a fraude eleitoral, enfim, pela aprovação do novo Código Eleitoral, sob cujas regras se realizariam as eleições de 1933 para a Assembléia Constituinte. Na segunda fase, que se desenrolaria de 1934 a 1937 e que corresponderia ao governo constitucional, quando Vargas foi eleito presidente por via indireta, teria vindo à tona a figura do chefe de um governo comprometido com um projeto liberal-democrático, respaldado pela Constituição de 1934, que, apesar de conter um capítulo de teor claramente intervencionista sobre a ordem econômica e social, consagrava os princípios liberais embutidos no movimento de 1930. Este teria se caracterizado por um momento bastante heterogêneo, marcado pelo entrechoque de tendências distintas e mesmo contraditórias que comportavam tanto valores liberais quanto autoritários.

Os reflexos da nova "trajetória política" no período de 1930 a 1934 podem ser acompanhados pela vida do casal Vargas. Em 1911, Getúlio

Vargas e Darcy haviam se casado no civil, e em 1934 a união conjugal passou pelo rito religioso. Sobre o acontecimento religioso na trajetória do casal, Getúlio Vargas (1995, v.I, p.342) fez esse comentário:

> (11 a 14.12.34): Estes dias foram pontuados por fatos interessantes. No primeiro, casei-me... religiosamente. Não o havia feito ainda, por ausência eventual de padre na época do casamento civil, e também por um caso de consciência. Fi-lo agora para atender a minha mulher, e também por um caso de consciência... transformação lógica do pensamento. O padre da sede, Petit Jean, foi trazido à tarde pela mulher do Protásio, e o casamento realizou-se em segredo, com conhecimento de poucas pessoas, assistindo como testemunhas o Agnelo e o Protásio com as respectivas esposas.

Em 1934, quando o casamento ocorreu, Getúlio Vargas havia conquistado mais uma posição em sua trajetória política: era presidente da República eleito. Getúlio Vargas é explícito: casou-se no religioso para atender ao pedido da mulher e o ato religioso aconteceu em "segredo", no Rio Grande do Sul. Revela-se, desse modo, o lado religioso e católico de Darcy Vargas e o entendimento que tinha acerca da necessidade ou importância da benção matrimonial na vida conjugal.

Com o pedido de casamento religioso feito ao marido, Darcy Vargas passou a ter a união consagrada pela Igreja Católica. A aceitação do pedido sugere as influências exercidas pela esposa na intimidade familiar (isto é, ser ouvida e ter suas vontades acatadas), até mesmo porque o que era solicitado vinha ao encontro daquilo que ela representava na vida de Getúlio Vargas: sua mulher. Do lado de Getúlio Vargas, recém-empossado presidente da República, não se pode ignorar, em sua decisão, o aspecto político. Para um governante que tinha no casamento monogâmico e indissolúvel um dos fundamentos da política governamental para a família e cujo comportamento devia ser exemplar, não ser casado no religioso mostrava-se como uma contradição que fora ocultada até ser eliminada com o ato "religioso".[12]

---

12 Sobre a concepção de casamento e família defendida pelo Estado nos anos 1930 e 1940, ver Lenharo (1986) e Rago (1985). Sobre concepções e construções históricas do casamento, ver Ariés (1987), MacFarlane (1990) e Costa (1983).

O casamento religioso parece que coroava uma fase de proximidade e de carinho entre o casal. Essa interpretação parece plausível quando se considera o fato ocorrido um ano antes. No final de abril de 1933, o casal sofreu um grave acidente de carro na estrada Rio-Petrópolis, no qual estavam Getúlio, Darcy e o filho, Getulinho, juntamente com um ajudante de ordens, Celso Pestana, que foi a vítima fatal. Getulinho foi o único que nada sofreu. Embora os registros feitos por Getúlio Vargas no diário informem que ele e a esposa ficaram feridos, eles também sugerem que Darcy Vargas foi a mais afetada ou que, talvez, sua recuperação tenha sido mais complicada em razão dos tipos de lesões provocadas pelo acidente em sua perna. No período de tratamento e recuperação, cogitou-se até a amputação da perna diante da suspeita de gangrena. Nesse momento, o marido de Darcy Vargas, revelado pelo diário, é um homem dedicado, preocupado e carinhoso com a esposa.

Se em 1934 o casamento religioso pode ser entendido como um sintoma de harmonia conjugal, os registros feitos por Getúlio Vargas (1995, v. II, p. 61 e 68) três anos depois revelam uma outra face que põe em questionamento a harmonia que se poderia imaginar:

(25 a 27.07.37): Renova-se a aventura, beirando um risco de vida, que vale a pena corrê-lo.

(28.11.37): Aproveitando uma coincidência momentânea fui ver a bem-amada e, de regresso passei na casa do Rocha Miranda, onde encontrei-me com Plínio Salgado, e aí conversamos sobre a dissolução do integralismo e dos partidos políticos, e sua entrada no Ministério.

Qual é o significado desses registros? Por que essa revelação ao diário que ele escrevia com a intenção de que um dia fosse tornado público? Seria para demonstrar seu poder de "macho"? Teria sido com a intenção de mostrar que, para um homem, casos "extraconjugais" eram práticas "virtuosas"? Ou ainda, que ele era um homem "poderoso" com as mulheres, legando, assim, documentos sobre suas conquistas para que um dia fossem conhecidas publicamente, fornecendo os ingredientes para que todos soubessem que na vida privada ele também havia sido um "grande homem"? Perguntas difíceis de ser respondidas.

MULHER E POLÍTICA 51

No decurso do *affair* extraconjugal, as desconfianças da esposa também são registradas: "Crise doméstica de ciúmes, porque saí à tarde (26 e 27.06.37)" (Vargas, 1995), sugerindo, desse modo, que Darcy estava atenta ou, quem sabe, percebendo que o marido estava "diferente". Em uma outra passagem, Getúlio sugere que, embora as crises de ciúme se tornassem freqüentes, o relacionamento conjugal permanecia sob controle. Esse aspecto pode ser captado nesta anotação que se refere a uma viagem feita pelo casal a Poços de Caldas e a Águas de São Lourenço, em Minas Gerais:

> (26 e 27.03.38): Já na Estação de Poços de Caldas [...] Os primeiros dias foram de repouso e passeio. O encontro com minha mulher, postas de parte algumas queixas habituais, foi afetuoso e conciliador. Mas estou inquieto e perturbado com a presença daquela que me despertou um sentimento mais forte do que eu poderia esperar. O local, a vigilância, as tentações que a rodeiam e assediam não permitem falar-lhe, esclarecer situações equívocas e perturbadoras. Amanhã, talvez, um passo arriscado ou uma decepção. O caminho se bifurca, posso ser forçado a uma atitude inconveniente. (ibidem, p.118)

Identifica-se, no relato de Vargas, que o romance acontecia com uma mulher que usufruía a convivência dos Vargas. "Ela", a outra, também estava em Poços de Caldas.

As anotações são de 1937 e de 1938. Referem-se, portanto, ao período de vigência do Estado Novo e do governo ditatorial. Em 10 de novembro de 1937, por intermédio de golpe de Estado, dado pelo próprio governante, foi implantado o Estado Novo, iniciando uma nova fase de governo, reconhecidamente ditatorial, que se encerraria em 1945, com a deposição de Vargas. No período de 1937 a 1945, Getúlio Vargas passou a governar por decretos, extinguiu todos os partidos políticos, criou uma força policial especial para evitar resistência ao regime, impôs a censura da imprensa e estabeleceu mecanismos apurados de controle sobre a população.[13]

---

13   A produção sobre as características econômicas, sociais e políticas para o período do Estado Novo é considerável. Da produção recente, para aprofundar questões e tópicos aqui levantados, destacam-se os trabalhos de Pandolfi (1999) e D'Araujo (1999).

52 IVANA GUILHERME SIMILI

No período do romance extraconjugal, GetúlioVargas urdiu e implantou na vida pública o Estado Novo. Até que ponto e em que medida o vigor político foi alimentado pela paixão? Se na política ele buscava a construção de um novo país, no romance o homem Getúlio Vargas, à época com 54 anos, também estava vivendo algo "novo" e buscava a "renovação".

Segundo Hahner (2003), no que tange à luta das mulheres pela emancipação social e política, a implantação do Estado Novo pôs fim ao movimento feminista dos anos 1920 e 1930. A luta das feministas, iniciada nos anos 1920, havia sido coroada na década seguinte com várias conquistas, como o direito ao voto em 1932, ratificado na Constituição de 1934. Esse direito permitiu que as mulheres fossem representadas na Câmara dos Deputados por Carlota Pereira de Queiroz, eleita deputada federal em 1933, e por Bertha Lutz, que assume a vaga do titular que havia morrido.

As mulheres só começariam a votar em 1945, com o término da Segunda Guerra Mundial e a redemocratização do país. Mesmo assim, votar não significava ser eleita, porque poucas se elegeram em 1945 (Tabak & Toscano, 1982).

Segundo Hahner (2003, p.361), no Estado Novo os líderes do novo regime, com suas crenças nos papéis de gênero fortemente diferenciados, vão se mostrar hostis às demandas femininas por mais igualdade. Para a autora, Getúlio Vargas, dono de um extremado pragmatismo político, "nunca se comprometeu com os direitos da mulher, apesar de parentes bem próximos tentarem desmentir posteriormente o fato". Para Hahner (2003), GetúlioVargas opunha-se à legalização do divórcio e concedeu amplo perdão presidencial aos homens que tivessem cometido "crimes passionais" em defesa da "honra". Com o Estado Novo, a reação anti-feminista teria ganhado força, e às mulheres (aos homens também) foi negada a oportunidade de exercerem seus direitos eleitorais, mas só para elas os setores do governo se encontrariam fechados, visto que foram proibidas de ingressar no serviço público, espaço de atuação que havia sido conquistado pelas mulheres no início dos anos 1930.

Hahner (2003), ao mencionar "parentes de Getúlio", sugere, de forma velada, que AlziraVargas advogava a idéia de que o pai fora um

MULHER E POLÍTICA   53

defensor dos direitos das mulheres. Essa referência adquire clareza quando se lê o que Alzira escreveu, referindo-se ao pai e à mãe:

> "Filha minha não dança". "Mulher foi feita para tomar conta da casa. Precisa saber música, costurar e cozinhar". Mamãe não estava de acordo, estimulava nossos estudos e protegia nossas pequenas transgressões ao código paterno. Mal sabia ela que, em menos de uma década, Papai a ultrapassaria, *tornando-se o advogado da emancipação feminina*. (Peixoto, 1960, p.62 – grifo nosso)

O registro foi feito por Alzira ao referir-se ao período da adolescência, em que ela e a irmã começaram a freqüentar as festas, escondidas do pai. Ela afirma com todas as letras que no futuro o pai transformou-se no "defensor da emancipação feminina". É claro que essa afirmativa necessita ser balanceada pelo fato de que Alzira sabia que seus escritos deveriam ser um laudatório à figura paterna, que os dizeres ali expressos deveriam ser cuidadosamente elaborados para atingir a finalidade de sua criação: contribuir para a memória que exalta a figura do estadista.

Quanto à posição de Getúlio Vargas acerca do divórcio, ela foi explanada pela própria Alzira Vargas ao recordar-se da entrevista por ela concedida, em 1936, a uma jornalista argentina:

> Queriam que me manifestasse a respeito do divórcio. Respondi que era favorável à sua concessão. Ganhei dos divorcistas artigos no jornal; e admoestações dos antidivorcistas. Disseram-me que eu era muito nova, inexperiente para opinar sobre um assunto que não podia conhecer. Aleguei que minha resposta não tinha o mérito de ser honesta; justamente por isso: nenhum interesse pessoal estava em causa. Era um ponto de vista. Papai não nos repreendeu. Sempre respeitou minha liberdade de pensar. Deu-me, porém, uma aula sobre os perigos e desvantagens do divórcio no Brasil. Argumentamos algum tempo sem que um demovesse o outro. Para encerrar o assunto, deu-me uma pancadinha carinhosa na cabeça e disse: "Além do mais, sua 'topetuda', só serei a favor do divórcio no Brasil, no dia em que D. Sebastião Leme e D. Luizinha (mãe do Osvaldo Aranha) me pedirem". Estava encerrado o assunto. Enquanto ele fosse governo, não haveria divórcio. (ibidem, p.164)

54 IVANA GUILHERME SIMILI

Getúlio Vargas era contra o divórcio; sua filha Alzira Vargas, a favor. A defesa da indissolubilidade do casamento, naquele momento, era coerente, pelo menos para Getúlio, com as transgressões conjugais por ele praticadas. O casamento era para a família. Os prazeres para o homem.

Com relação a Darcy Vargas, uma atitude dela, retratada por Getúlio (1995, v.II, p.298) neste fragmento, sugere algumas questões:

> (01.03.40): Ainda gripado e sobrecarregado de serviços, não fui ao cinema no Itaboraí, onde estavam os interventores, recém-chegados para a Conferência dos Estados Centrais. À noite, insone e tossindo, perturbei a tranqüilidade de minha mulher, chegada do cinema, que me disse compreendia melhor a necessidade de camas separadas. Não discordei, mas compreendi melhor a razão por que, às vezes, sinto-me tão isolado.

Segundo Getúlio Vargas, Darcy propôs ao marido a "separação de cama" para o casal, o que foi prontamente aceito. A proposta dela pode ser entendida como uma forma de consolidar uma separação de corpos, uma vez que a traição já era algo percebido por ela. Pode ser entendida como a vingança possível para ela diante das atitudes do marido. Ao mesmo tempo, não se pode deixar de considerar que, ao anotar tal intimidade em seu diário, Getúlio pretendeu fazer crer que a proposta partira de Darcy, como a dizer que, por ele, aquilo não se daria, uma vez que pretendia continuar, como de fato continuou, com o casamento até que a morte os separasse.

Em 1940, quando Darcy parece ter feito a proposta, estava em curso, no cenário internacional, a Segunda Guerra Mundial, iniciada em 1939, e Getúlio Vargas estava indeciso e indefinido quanto ao posicionamento do Brasil: ora pendendo para o lado da Alemanha ora para lado dos Estados Unidos, que iniciavam a retaliação econômica. Justamente quando as dúvidas e as inseguranças do presidente achavam-se exacerbadas quanto a que posição assumir, a esposa, aquela que devia ser o amparo e de quem devia receber o apoio, faz uma proposta que desencadeia o sentimento de "isolamento" e "abandono" no chefe da nação. No campo político, as dúvidas e incertezas somente seriam

MULHER E POLÍTICA 55

resolvidas em agosto de 1942, com a declaração do presidente acerca do ingresso do Brasil no conflito mundial, posicionado do lado dos Estados Unidos e dos países aliados.[14]

Darcy Vargas era uma mulher vista como dependente e submissa ao marido. Na atitude de pedir a "separação de cama", rompendo assim com um dos símbolos do casamento e da relação conjugal, a "cama", é possível observar o que se pode chamar de "margem de liberdade" de que dispõem os agentes para verificar como os "sistemas normativos funcionam" na vida e na prática.[15]

Para Roger Chartier (1995, p.42), "nem todas as fissuras que corroem as formas de dominação masculina tomam a forma de dilacerações espetaculares, nem exprimem sempre pela irrupção singular de um discurso de recusa e rejeição". Elas nasceriam, com freqüência, no interior do próprio consentimento, quando a incorporação da linguagem da dominação se encontra reempregada para marcar uma resistência.

Margem de liberdade criada e usufruída pela personagem a partir de uma estratégia desestabilizadora do convívio íntimo e conjugal e de um dos sustentáculos da relação de dominação no casamento: a "cama". Ao pedir a separação da cama, Darcy desestabilizava, por intermédio dela, estrategicamente, o casamento.

Uma vez que se considera a possibilidade de que tenha sido mesmo Darcy que conseguiu se impor no relacionamento, desestabilizando a relação conjugal, deve-se levar em consideração as possíveis influências exercidas pelos universos culturais com os quais ela entrou em contato.

Em 1936, quando Alzira Vargas esteve nos Estados Unidos, a mãe a acompanhou na viagem. Se a percepção do mundo com o qual ela

---

14   Ao fazer referência às dúvidas e incertezas, alude-se ao "duplo jogo" de Getúlio Vargas, parafraseando, assim, o trabalho de Gambini (1977). Não somente se refere ao trabalho, mas nele estão as questões aqui levantadas sobre os momentos que antecederam a declaração de Getúlio Vargas acerca da participação do país na Segunda Guerra Mundial, em agosto de 1942.

15   A reflexão foi conduzida apoiada nos argumentos de Levi (1996, p.180), para quem a abordagem biográfica constitui o instrumento e campo ideal para explorar o "caráter intersticial dos sistemas normativos".

56 IVANA GUILHERME SIMILI

deparou não foi legada nos documentos – haja vista não ter deixado nenhum documento de cunho pessoal –, os comentários de Alzira acerca de sua visão sobre as mulheres norte-americanas são denunciadores do universo feminino com o qual mãe e filha entraram em contato:

> Ficara entusiasmada com a soma de regalias que gozava a mulher nos Estados Unidos: liberdade, sem falsos preconceitos, respeito e consideração. Era o que sempre desejara, sem encontrar eco. Fôra educada nos princípios básicos de que a mulher devia ser protegida e resguardada como uma flor delicada. Estava farta de ser apenas "um gracioso ornamento de nossa melhor sociedade". Queria ser gente e estava disposta a lutar por um lugar ao sol, meu, e não um reflexo por herança. Disso papai não gostou, torceu o nariz e me deu mais trabalho para fazer em casa. Estávamos em 1936, faltavam-me dois anos para terminar o curso de direito. (Peixoto, 1960, p.202)

Nesse fragmento, Alzira revela-se encantada com a vida que as mulheres levavam nos Estados Unidos, destacando a liberdade, o respeito e a consideração que elas usufruíam naquela sociedade. Dirigindo críticas à educação que recebeu, dizia-se cansada do papel destinado a ela e às mulheres no Brasil, "de flor delicada" que devia ser "protegida e resguardada", ou "ornamento da sociedade", reivindicando, portanto, para si e para as brasileiras, um papel mais ativo na sociedade.

Na imagem construída por Getúlio Vargas para Darcy, de uma mulher que, em 1940, propôs mudanças no relacionamento conjugal, é possível pensar acerca das influências que o contato com o universo das mulheres norte-americanas exerceu em sua trajetória como mulher-esposa, conduzindo-a a refletir acerca de questões e problemas que se faziam presentes em sua vida.

É importante recordar que, no feminismo brasileiro dos anos 1930 e 1940, a reivindicação dos direitos sociais e políticos não passou pelo questionamento ou pela negação do papel da mulher na sociedade, como mãe e esposa. Darcy Vargas, como muitas mulheres do período, feministas ou não, não adotou atitudes drásticas de ruptura com o casamento, com a família, mesmo quando insatisfeita, porque as concepções dominantes em seu universo postulavam que o casamento e

MULHER E POLÍTICA **57**

a maternidade eram "destinos naturais" e suas reivindicações, principalmente com relação ao direito à educação, eram para transformá-las em melhores mães para os filhos da nação. O casamento monogâmico, baseado na premissa de que "até a morte os separe", era elemento culturalmente dominante, aceito e compartilhado pelas mulheres e homens, mesmo que a intimidade fosse marcada pelo fracasso da relação. Sobre aquelas mulheres que ousassem separar-se do marido pesavam os tabus e os preconceitos que as transformavam, aos olhares públicos, em mulheres suspeitas e de má fama. Os ares respirados por essas mulheres e como eles as influenciavam se fazem notar, todavia, nas palavras de Alzira Vargas, nas reflexões questionadoras que o contato com as norte-americanas nela produziu e, ainda que tangencialmente, no comportamento de Darcy, que no casamento adota uma prática que pode ser vista como desestabilizadora do relacionamento conjugal (ver tb. "Feminismos: teorias e perspectivas", *Revista da Pós-Graduação em História*, 2000).

Vale lembrar que Darcy Vargas, mulher da elite e esposa de governante, representante de sua época e cultura, além de ser criada e educada, também educou com base nas premissas de que o casamento era um vínculo que devia ser rompido somente com a morte. É importante destacar também que, nesse leque de possibilidades de contato com universos culturais, estavam a vivência e a experiência de morar na cidade do Rio de Janeiro, no mais importante centro econômico, cultural e político do país, onde os acontecimentos sociais e culturais adquiriam velocidade e dinâmica próprias, introduzindo novos valores, atitudes e comportamentos nos atores sociais.[16]

Foram essas múltiplas influências culturais que lapidaram e construíram a mulher, esposa e mãe Darcy Vargas.

Quanto à mudança na vida conjugal e íntima do casal Vargas, o fato ficou como "questão e assunto" naquele momento ainda privado. Publicamente, Getúlio Vargas e Darcy continuaram a se mostrar como um casal perfeito, harmonioso, em sintonia conjugal.

---

16 Da produção existente acerca das mudanças culturais na cidade do Rio de Janeiro nas décadas iniciais do século XX, destaca-se Sevcenko (1998).

58 IVANA GUILHERME SIMILI

A imagem de casal e de casamento feliz parece ter sido ingrediente político importante na trajetória do governante, quando se considera que, historicamente, o poder masculino confiou às esposas um papel relevante para o homem político. Durante a Primeira República, a viuvez do marechal Hermes da Fonseca, pela morte da primeira-dama, Orsina da Fonseca, criou um problema político em torno de como a vida doméstica presidencial seria administrada. O problema foi contornado com o casamento dele com Nair de Teffé, em 1913, uma caricaturista que assinava seus trabalhos nos jornais e nas revistas cariocas como "Rian", e cujo comportamento fugia aos padrões da época, escandalizando a alta sociedade carioca ao tocar ao violão, em uma das recepções oferecidas, músicas de Chiquinha Gonzaga ou ao irromper na sala de reuniões do presidente estampando na saia as caricaturas dos ministros de Estado[17] (Leite, 1988).

O que fica patente na história do casal Hermes da Fonseca, bem como na dos Vargas, é que o presidente da República necessita de esposa, que sua figura e sua presença nas cercanias do poder são ingredientes importantes no campo das representações políticas para o homem público e político.

Essa necessidade da figura da esposa para os governantes pode ser interpretada como um fenômeno relacionado à ascensão e incorporação da personalidade na política, conforme examinado por Richard Sennet (1988) que identificou, no século XIX, o lançamento das bases da sociedade intimista. Nessa sociedade, os fenômenos sociais, por mais impessoais que sejam, são convertidos em questões de personalidade para que tenham significado. Com isso, as pessoas são induzidas a acreditar que os intercâmbios em sociedade são demonstrações de personalidade, gerando a busca frenética e incessante pelos indivíduos de como os outros e eles próprios são "realmente". Uma das conseqüências da emergência da personalidade na política moderna apontada pelo autor

---

17 Como não existe nenhum trabalho sobre as primeiras-damas brasileiras, o que se sabe acerca delas está em referências esparsas. Sobre Orsina da Fonseca, Hahner (1981, 2003) afirma que ela teve uma participação ativa na criação do Partido Feminino Republicano, fundado em 1910. Sobre período do Império, ver Oberacker (1977).

teria sido a transformação da vida privada em critério de credibilidade pública, em que o imaginário privado se sobreporia ao público.

Na valorização da esposa do presidente, é possível localizar, na figura desta, um dos mecanismos de exposição do privado e de aferição dos homens públicos, criados e utilizados pelo poder, na produção de representações políticas favoráveis ao governante. A existência das esposas e, principalmente, a exposição delas pelos governantes dão a ver o que eles são no privado: maridos e pais de família, fornecendo, assim, as bases para a criação de representações públicas como bons maridos e pais.

No campo das representações políticas, o significado político da esposa do governante configura-se em campo aberto a ser mais bem examinado.

Com relação a Vargas, um dos aspectos comunicados, visual e verbalmente, em proporções variadas e desiguais, foi a presença e a participação de Darcy, acompanhando o governante, nas principais festividades públicas e cívicas, nos encontros presidenciais, nas recepções das inaugurações, nas comemorações, enfim, em diversas formas de celebrações do poder que tiveram palco durante o governo Vargas, momentos esses que foram produtores de imagens fotográficas como estas:

Figura 1 – À frente, da direita para a esquerda, Getúlio, Darcy Vargas e Gustavo Capanema (Acervo do CPDOC).

60 IVANA GUILHERME SIMILI

Nos arquivos do CPDOC, a fotografia integra a pasta de arquivo do homem público Gustavo Capanema que foi, no período de 1934 a 1945, ministro da Educação e Saúde Pública.[18] Para Aline Lopes de Lacerda (1993), as imagens fotográficas, quando doadas às instituições arquivísticas pelos titulares ou por seus familiares, constituem "fragmentos de memória" que têm na descrição catalográfica (nome das pessoas, evento, data) um instrumento fundamental para situá-las no tempo e no espaço.

A legenda da fotografia traz a seguinte descrição catalográfica: "GC-227 (6) – Gustavo Capanema, Getúlio Vargas e outros por ocasião da cerimônia de comemoração da Semana da Pátria – 070941".

Ali estão mencionados os homens públicos e os acontecimentos em que estiveram presentes. Nenhuma referência é feita a Darcy Vargas no acontecimento. Desse modo, a participação dela fica embutida na menção aos "outros" presentes, porém secundários e que, por isso, não precisavam ser identificados.

"Toda fotografia tem atrás de si uma história", escreveu Boris Kossoy (2001, p.45). Reconhecer essa história significa reconhecer a existência de pelo menos três estágios que marcaram sua trajetória: em primeiro lugar, a intenção para que ela existisse; em segundo, o ato do registro que deu origem à materialização da fotografia; e, finalmente, os caminhos por ela percorridos.

No caso da fotografia em questão, trata-se de artefato em cuja descrição se encontram os sinais da intenção do ato fotográfico e dos caminhos por ela percorridos: registrar os acontecimentos políticos,

---

18 Para aqueles interessados em aprofundar questões levantadas neste trabalho, apresenta-se o resultado da pesquisa feita no arquivo fotográfico do CPDOC: no fundo de arquivo de Getúlio Vargas existem quinze fotografias com Darcy Vargas. Desse total, sete tematizam atividades públicas e oito se referem à vida privada e familiar dos Vargas. Nos arquivos de outros titulares (homens públicos do governo Vargas), foram encontradas fotografias que formam uma coleção de 23 imagens que têm na figura de Darcy Vargas uma de suas personagens. Nos acervos de Agamenon Magalhães, Benedito Valadares, Flores da Cunha, Souza Costa e Punaro Bluy, um fotografia em cada um deles; Cristiano Machado e Valdemar Falcão, duas; Ernani do Amaral Peixoto e Osvaldo Aranha, três; Gustavo Capanema, oito. Não há nenhum acervo para Darcy Vargas, como titular de arquivo.

MULHER E POLÍTICA 61

a atuação dos homens públicos – Capanema e Getúlio –, criando e veiculando para eles uma determinada imagem de suas *performances* e trajetórias públicas.

Quanto ao último aspecto, os caminhos percorridos pela fotografia, vale lembrar que ela compõe o arquivo do homem público Gustavo Capanema, significando que aquelas pessoas que guardaram e depositaram as imagens para organizar o acervo do CPDOC exerceram a função de seus "ideólogos", selecionando imagens e representações que referendassem o homem público que ele foi.[19] Percebe-se, nitidamente, um descompasso entre descrição do conteúdo fotográfico e o que as fotografias dão a ver ao leitor. Nelas, a presença feminina de Darcy Vargas foi marcada visualmente, e não nas palavras que a descrevem. Se a ficha catalográfica não valoriza a presença de Darcy no acontecimento, a anotação feita por Getúlio Vargas (1995, v.II, p.421) em seu *Diário* também oculta sua participação, não fazendo menção a sua participação: "Dia 7: Pela manhã, desfile militar, 20 mil homens. Impressionou o destacamento de motomecanização – material americano recém-chegado. Pela tarde, festa no *stadium* do Vasco, a Hora da Pátria".

Uma fotografia não é uma "cópia do real, mas uma emanação do real passado" (Barthes, 1984, p.132). Na realidade histórica da comemoração do Dia da Pátria, a fotografia mostra que a primeira-dama foi ao ato cívico, acompanhando o marido-governante.

"Ver, descrever e constatar" não é o suficiente na análise da fotografia. É necessário buscar o significado do conteúdo do assunto registrado que deve ser concebido como o resultado de uma seleção de possibilidades de "ver, optar e fixar um certo aspecto da realidade primeira", cuja decisão coube exclusivamente ao fotógrafo, quer

---

19 Na análise da fotografia de Gustavo Capanema, utilizou-se o conceito de ideólogo de Bourdieu (2002), para quem o indivíduo, ao relatar sua história de vida, atuaria como o ideólogo de sua própria história. No texto, o conceito de ideólogo refere-se ao fato de que Capanema ou seus familiares, ao guardarem e depositarem os fragmentos de memória ao CPDOC para compor seu acervo, atuaram como seus ideólogos, criando, para ele, determinadas imagens e representações por intermédio das quais se pode conhecer o homem público que ele foi.

62 IVANA GUILHERME SIMILI

estivesse ele registrando o mundo para si mesmo, quer a serviço de seu contratante. Haveria, nessa seleção, uma primeira manipulação/ interpretação da realidade pelo fotógrafo que pode ser, consciente ou inconscientemente premeditada ou ingênua, estando ele a serviço ou não de seu contratante (Kossoy, 2001, p.95-107).

Convém lembrar que o Departamento de Imprensa e Propaganda (DIP) e o Ministério da Educação e Saúde eram os órgãos responsáveis pela organização das festividades cívicas e de todos os acontecimentos políticos importantes nos anos 1930 – festas, comemorações, atos inaugurais, celebrações públicas eram cuidadosamente preparados. O DIP retirava deles os materiais verbais e visuais que posteriormente eram empregados na propaganda política para Vargas e seu governo. A fotografia da Semana da Pátria, portanto, foi obtida para fins políticos (cf. Goulart, 1990; Capelato, 1998; Jahar Garcia, 1982; Schemes, 1995).

Feitas essas considerações, a intenção do fotógrafo expõe-se com clareza: era fazer o registro visual, tendo em mira Getúlio Vargas e os homens públicos que participavam da comemoração da Semana da Pátria e que compuseram o rol das imagens obtidas. A presença feminina de Darcy Vargas somente foi captada porque ela, como esposa, estava acompanhando o governante na entrada do Estádio do Vasco da Gama, local onde a festividade aconteceu. A fotografia sugere um dos limites impostos pela presença de Darcy à câmara do fotógrafo que, ao fazer o registro da entrada em cena do governante e das pessoas que o acompanhavam, captou a figura da primeira-dama, porque ela se encontrava no espaço capturado pelas lentes do fotógrafo.

Observa-se, pelos registros feitos por Getúlio Vargas em seu *Diário*, que em 1940 a vida conjugal do casal Vargas sofrera modificações introduzidas pela esposa. O fragmento visual de 1941, de uma comemoração oficial, apresenta a imagem do casal, mostrando-se publicamente juntos: Darcy é a acompanhante do governante, presente nos atos oficiais conforme determina o protocolo governamental.

Segundo Norberto Bobbio (1992), a expressão "participação política" é polissêmica, acomodando-se a muitas práticas e representações nos regimes democráticos. Por participação, pode-se conceber participar ou tomar parte em algum acontecimento político de modo

MULHER E POLÍTICA 63

diferenciado, desde a condição de simples espectador mais ou menos secundário até a de protagonista de destaque.

Pode-se dizer que, apresentando-se com Vargas, Darcy participava da festividade política, ainda que em posição secundária, na condição de primeira-dama, ouvinte e espectadora dos atos públicos e políticos do marido e governante do país.

Ao abordar as questões relacionadas ao tratamento dispensado aos personagens pela historiografia, Maria Helena Capelato (1992, p.241) afirma: "A historiografia não pode ignorar os personagens que se destacam na cena da história [...] a sua presença tem um significado que deve ser compreendido em vez de diluído nas análises estruturais".

Por participar da cena histórica e política de uma festividade cívica, Darcy Vargas produziu significados com sua presença.

No que tange às festividades cívicas realizadas durante o governo Vargas, é reconhecido o papel desempenhado por esses acontecimentos na construção de imagens e representações acerca da sociedade brasileira. Segundo Maria Helena Capelato (1998, p.60), "há uma forte relação entre as festas oficiais e a utopia da sociedade feliz", tanto que os jornais varguistas, nas ocasiões festivas, expressavam essas imagens de formas variadas, usando frases de apelo e impacto, tais como "carinhosas manifestações", "multidão vibrante", entre outras.

Questiona-se até que ponto e em que medida a participação de Darcy Vargas e a imagem de casal levada a público nas festividades e comemorações oficiais, tal como o registro visual do Dia da Pátria permite ver, integraram a política de Vargas para ajudar na construção do imaginário e das representações almejadas pelo poder.

Verificou-se, anteriormente, a existência de indícios históricos no sentido de que a política moderna encontrou na esposa do homem público e governante uma maneira de expor e sinalizar o que os homens são no privado: maridos e pais de família.

De acordo com Evelyne Patlagean (1990, p.291) "o domínio do imaginário é composto pelo conjunto de representações que exorbitam do limite colocado pelas constatações da experiência e pelos encadeamentos dedutivos que estas autorizam". Considerando os objetivos do governante com relação às festividades do poder, supõe-se que, ao

64 IVANA GUILHERME SIMILI

acompanhar Vargas e participar das solenidades públicas e políticas, Darcy fornecia os elementos simbólicos para a composição de uma imagem de casal, de casamento e de família, que era útil e importante ao governante e ao seu governo. Pela figura da mulher, Vargas acenava para o público e demonstrava a imagem do homem que deveria ser visto; com a participação da primeira-dama, a população encontrava no casal os elementos simbólicos para imaginar um casal e casamento perfeitos; do casal emanavam os sinais que contribuíam para a formatação de uma atmosfera favorável à fabricação de imagens e representações de sociedade feliz e harmônica, ansiada pelo poder nessas ocasiões.

É importante destacar também que, em setembro de 1941, a imagem de casal feliz era muito valiosa politicamente. Poucos meses antes, em abril, Vargas havia assinado o Decreto-Lei n° 3.200 que dispunha "sobre a organização e proteção da família". Nele, os preceitos defendidos eram os da consolidação e proteção da família em sua estrutura tradicional e a procriação para aumentar a população.

Pode-se afirmar, no que diz respeito ao governante, que Darcy Vargas colaborou com Getúlio Vargas em sua trajetória política muito além, talvez, daquilo que ele próprio urdiu e percebeu.

Uma mãe e suas contradições

De acordo com Alzira Vargas, na criação das filhas a mãe havia se mostrado mais atualizada que Getúlio Vargas, já que ela defendia que os filhos (de forma genérica, homens e mulheres) deveriam estudar. Essa posição, ainda segundo Alzira, contrastava com a do pai, o qual, durante a criação e educação dos filhos, defendeu que as filhas deveriam saber "cozinhar, tocar piano e costurar" (Peixoto, 1960, p.98).

Se Darcy Vargas almejava que os filhos estudassem, quando as escolhas profissionais começaram a aflorar, os desacordos maternos e paternos também surgiram. Esse aspecto foi abordado por Alzira Vargas ao recordar-se do apoio recebido da mãe para sua viagem para os Estados Unidos, em 1936: "Mamãe aprovou logo. Não estava muito conformada com meus estudos de Direito e talvez isso me fizesse desanimar. Queria, também, que eu tivesse uma oportunidade de viajar, pois Jandyra, minha irmã, estava na Europa havia quase um ano" (ibidem, p.172).

Em 1936, Alzira cursava Direito. Ela denuncia o inconformismo materno quanto à escolha profissional que fizera: ser advogada. O pai, por sua vez, tinha outra postura: incentivava a filha a fazer o curso de Direito e, na década de 1930, ao acompanhar as mudanças nas relações entre gêneros por meio da maior visibilidade e participação feminina na vida pública, passa a defender a idéia de que a mulher tinha de saber três coisas: "datilografar, dirigir automóvel e falar inglês" (p.98). Quando a filha Alzira Vargas tornou-se motorista e resolveu comprar seu primeiro carro, a aquisição gerou controvérsia. O apoio materno foi fundamental no convencimento do pai:

> Papai depois de muita argumentação, com o poderoso apoio de mamãe, tinha, finalmente, consentido que eu comprasse um automóvel, contanto que o pagasse com meus próprios vencimentos. Não o fez de muito boa vontade, porque acrescentou: "Olhe, não admito auxiliar preguiçoso". Como se eu já não soubesse. (p.241)

"O poderoso apoio de mamãe" é a forma como Alzira Vargas define o papel materno na contenda e na solução de um problema instalado entre pai e filha: a compra de um carro.

Elizabeth Cady Stanton, nome importante do feminismo norte-americano do século XIX, defendia a idéia de que a mulher, esposa e mãe, para controlar uma família e instruir seus filhos e empregados precisava ter "bom senso, sabedoria, diplomacia e conhecimento da natureza humana", e finaliza: "ela precisa das virtudes principais e pontos fortes do caráter do mais famoso estadista" (Yalom, 2002, p.234).

Na atitude da mãe em dar apoio à causa da filha – a compra de um carro –, vislumbram-se os sinais de um tipo de virtude feminina sob a forma de diplomacia desenvolvida pela figura materna, para participar dos conflitos buscando a conciliação de interesses com o objetivo de devolver a paz familiar. Nesse caso específico, a participação e o apoio materno surtiram os efeitos almejados.

66 IVANA GUILHERME SIMILI

Segundo Levi (2002, p.180), a "repartição desigual do poder, por mais e mais coercitiva que seja, sempre deixa alguma margem de manobra para os dominados; estes podem então impor aos dominantes mudanças nada desprezíveis".

Na diplomacia materna, oculta-se a união de forças entre as dominadas (mãe e filha) para manobrar e convencer o chefe da família do qual eram dependentes. Existe, no entanto, uma outra face: uma sutil e eficaz medição de forças entre dominante e dominadas. Na correlação de forças, as dominadas ganham. Ao conseguirem seu intento, o poder e a autoridade paterna eram colocados sob suspeita, denunciando, assim, que, sob pressão, os posicionamentos dos dominantes, por mais rígidos e autoritários que fossem, podiam mudar.

Outras disputas estabelecidas entre dominantes e dominadas, na família Vargas, também foram mote dos escritos de Alzira:

> Começava a me enfeitar, sem que fossem necessárias ordens expressas de mamãe; já não era tão refratária a festas, pelo contrário aceitava-as com alegria, estava abandonando aos poucos meu clássico uniforme de saia e blusa; o chapéu em vez da boina de estudante ainda era um problema, mas algumas concessões estavam em curso. O cabelo continuava cortado curto e liso, como última manifestação de rebeldia e protesto, contra os cursos normais e naturais da vaidade. Em vão mamãe me repetia a velha frase de sua tia-avó, a Totonha: "Quem não se enfeita, por si se enjeita". Papai apoiava abertamente minha falta de vaidade. Julgava-me com o direito de ser "diferente", talvez de ostentar minhas sardas, de não recorrer a artifício algum e de poder dizer com orgulho disfarçado em mau-humor: "Eu nasci assim. Quem quiser gostar de mim que goste como eu sou; para depois não se queixar". Mamãe tentava me convencer de que deixasse crescer o cabelo e fazer uma permanente. Papai protestava e dizia que me deixassem como eu era. Um dia, minha cabeça foi posta a prêmio. Mamãe pagaria um tanto para que eu deixasse encaracolar. Papai igualou o preço para que eu resistisse. Mamãe dobrou a parada e Papai desistiu. Capitulei. Apresentei-me ao trabalho ostentando, meio envergonhada, a prova de minha capitulação e mais um soberbo topete, destinado, de acordo com a moda, a me fazer parecer menos baixa. (Peixoto, 1960, p.264)

MULHER E POLÍTICA 67

Alzira Vargas refere-se às mudanças que nela se processavam no ano de 1937, introduzindo modificações no vestir e apresentar-se.

Falando de si, Alzira reporta-se à disputa travada entre a opinião materna e paterna no que tangia a seu visual, especificamente seu cabelo. Do lado materno, a tentativa de convencimento para que a filha deixasse o cabelo crescer e fazer permanente; do paterno, para que a filha permanecesse como estava e era. Na disputa, venceu a mãe, porque Alzira fez o permanente no cabelo, seguindo a sugestão materna, por uma razão que para ela tinha sentido: com esse penteado, sua altura era aumentada.

Nos argumentos usados pela mãe para convencer a filha, revela-se a concepção de mulher atualizada na moda e que pode ser considerada vaidosa.

Alzira Vargas, em seu discurso, demonstra um comportamento que se tornaria uma marca de sua personalidade: uma jovem rebelde que se tornaria uma mulher ousada e corajosa durante sua trajetória de vida.

Um importante retrato da "rebeldia" de Alzira Vargas foi elaborado por Ângela de Castro Gomes (1996). Tal retrato mostra que, nos anos 1930, quando a moda pedia o uso de chapéu, Alzira não gostava de usá-lo, casou-se sem vestido de noiva e absolutamente não se incomodava com etiquetas ou com o que "os outros" poderiam pensar. A descontração na postura, no vestir e no falar teria tido continuidade durante sua vida, no campo das idéias, transformando-se em importante nome do meio político brasileiro e da vida pública nacional. Na transformação de Alzira em mulher-política, a influência paterna teria sido preponderante.

Quando se observam a mãe que Darcy Vargas foi e aquilo em que a filha se transformou, percebe-se que um pouco do pai e da mãe se reflete em Alzira. Darcy e Getúlio Vargas eram vaidosos, em campos distintos. Embora Alzira fizesse questão de frisar que sua vaidade estava no campo do pensamento, era a mulher vaidosa que conseguia se destacar politicamente que ela punha em cena. Vaidades materna e paterna reconfiguradas na filha.

Da parte de Darcy Vargas, o orgulho materno encontrou ressonância nos filhos. Se era desejo materno que os filhos estudassem, o sonho

68 IVANA GUILHERME SIMILI

acalentado concretizou-se nos anos 1930. Um mapa da vida escolar feito pelo *Diário* de Getúlio Vargas indica que, após percorrerem os estudos, os filhos começaram a se graduar em 1936. Nesse ano, Manoel Antonio se formou em Agronomia. No ano seguinte, foi a vez de Alzira terminar o curso de Direito (embora não fosse o que a mãe queria para a filha), e Lutero, o de Medicina. Por volta de 1939, o caçula "Getulinho", assim chamado pelos pais, concluiu o curso de Química Industrial. Dos filhos, somente Jandira não se graduou.

Nos anos 1930 e 1940, seguindo os passos dos pais, os filhos começam a construir suas famílias. Em 1938, Jandira casou-se com Rui da Costa Gama, piloto da aviação naval e da Panair, uma empresa de aviação. Desse casal, nasceu o primeiro neto de Getúlio e Darcy, Getúlio Vargas da Costa Gama. Em 1939, foi a vez de Alzira se casar com o ex-ajudante de ordens e, à época, interventor do Estado do Rio de Janeiro, Ernâni do Amaral Peixoto. No ano seguinte, em 1940, Lutero se casou com Ingeborg ten Haeff, uma alemã, e dessa união nasceu a segunda neta de Darcy, Cândida Darcy, em 1941.

Manoel Antonio foi morar em São Borja para cuidar das terras. Com os filhos casados e com suas histórias de vida traçadas, a família Vargas modificou-se significativamente nos anos 1930 e 1940.

Em meio a tantos sonhos realizados e acontecimentos comemorados pelos Vargas, um acontecimento trágico modificou a estrutura familiar e introduziu a dor e o sofrimento na trajetória de Darcy e de Getúlio Vargas: a morte de Getúlio Vargas Filho, "Getulinho", em 1943.

Dores privadas, emoções públicas: a presença de Getulinho

Em agosto de 1942, Getúlio Vargas declarou o ingresso do Brasil na Segunda Guerra Mundial, perfilando o país entre os países aliados. O ato político do governante foi acompanhado pela esposa, porque, em decorrência dos problemas sociais introduzidos pelo conflito mundial, Darcy Vargas criou a Legião Brasileira de Assistência, com o objetivo de "amparar os soldados e seus familiares".

MULHER E POLÍTICA 69

Em 1943, quando a primeira-dama estava no auge de sua trajetória pessoal (os filhos estavam criados, os netos começavam a nascer; tinha acumulado várias conquistas, administrava a Fundação Darcy Vargas e presidia a presidência da Legião Brasileira de Assistência), um acontecimento trágico abalou as estruturas familiares e principalmente as emoções maternas. Em 2 de fevereiro de 1943, a imprensa noticiava a morte do filho caçula dos Vargas, Getulinho, aos 26 anos, de "causa desconhecida".

Desde que a família Vargas chegara do Rio de Janeiro acompanhando Getúlio, que passara a ocupar a chefia do governo provisório, ela havia se transformado em um dos principais alvos das matérias veiculadas na imprensa. Notícias sobre a presença e a participação dos Vargas na vida pública passaram a ser a tônica das matérias publicadas.

Com o controle exercido por Vargas sobre os jornais e o noticiário por meio dos órgãos de censura como o DIP, diretamente vinculado à Presidência da República e responsável pela produção e distribuição das informações tornadas públicas, supõe-se que toda informação que chegava ao conhecimento público sobre os Vargas tinha a aprovação do governante.

A morte de Getulinho foi um dos poucos momentos em que a dor privada dos Vargas foi tornada pública. Dor que ficou estampada nas páginas do noticiário por vários dias.

O recurso empregado na veiculação da notícia e por onde se podem captar os crivos do DIP, que selecionava as informações e criava versões, foi expor a trajetória do morto ressaltando suas virtudes de "jovem e trabalhador".

Como informado pela imprensa, "Getulinho" fizera o curso de Químico Industrial nos Estados Unidos e morrera em São Paulo quando iniciava a carreira profissional na empresa dos Irmãos Klabin. Poucos dias antes de sua morte, em 25 de janeiro de 1943, ele assumira, em São Paulo, a presidência da Federação Brasileira de Desportos. Fixava-se, assim, para o morto, a imagem de um futuro próspero. Segundo informado pela imprensa, ele morreu em São Paulo, na casa de amigos, de "causa desconhecida". A causa da morte "desconhecida", além de dar ao acontecimento um ar de mistério, também sugere os cuidados dispensados pela imprensa no tratamento e na veiculação do assunto.

70 IVANA GUILHERME SIMILI

A morte do filho do presidente ocorreu quando estava em curso, no Brasil, o processo de mobilização da população para a participação do país na Segunda Guerra Mundial. Em 1943, quando Getulinho morreu, viabilizava-se a participação brasileira com a composição dos batalhões que partiriam para o front de guerra, em 1944.

Era um momento em que as mulheres brasileiras – as mães, as esposas e as filhas – estavam perdendo seus pais, maridos e irmãos para a mobilização desencadeada pelo governo Vargas, que tinha o propósito de formar os batalhões para a participação brasileira no conflito mundial. Nesse mesmo momento, em que a medicina pretendia assegurar que era suficientemente capaz de prestar os cuidados médicos no campo de batalha para trazer os filhos do Brasil de volta para a terra natal, morre, de "causa desconhecida", o filho do presidente da República e da presidente da Legião Brasileira de Assistência.

Por essas razões, é provável que a morte do filho do presidente tenha instalado um dilema governamental sobre como produzir notícias do fato sem abalar o processo de mobilização dos homens e também das mulheres ligadas ao masculino pelos laços de afeto.

Nesse sentido, a "nota de agradecimento" veiculada na imprensa em nome de Getúlio Vargas é esclarecedora:

> Nunca passou pelo meu espírito que tivesse de assistir à morte de um filho! Sempre supus que tivesse de ir muito antes de qualquer um deles. E o primeiro foi exatamente o mais moço, que era um menino modesto, simples, trabalhador e que tinha um profundo sentido do dever.
>
> Esta era a sua força. Trabalhou aqui em São Paulo, afeiçoou-se de tal modo à terra e sua gente que se movimentava como se nela tivesse vivido. E São Paulo retribuiu-lhe esse afeto.
>
> Hoje uma parte de sua vida está ligada a São Paulo. Tudo o que aqui ocorreu, desde o início de sua doença até a sua morte, comoveu profundamente a mim e a minha família.
>
> Os médicos que o trataram, entre os quais havia alguns verdadeiros sábios em sua especialidade, deram tudo o que podiam dar como capacidade profissional e ainda com a dedicação de amigos. O interventor e seus dignos auxiliares deram também uma assistência contínua e desvelada.

MULHER E POLÍTICA 71

Na pequena e modesta casa do amigo a que se recolheu enfermo, toda a vizinhança – conhecidos e desconhecidos – acorria para oferecer serviços e trazer aquilo de que o enfermo pudesse necessitar, numa comovente solidariedade. Os atos religiosos celebrados pelo Sr. Arcebispo e, por fim, o desfile da população durante toda uma noite diante de seu corpo – grandes e humildes, velhos e crianças – todos respeitosos e contritos, em dezena de milhares – deram prova emocionante de seus sentimentos.

Ele foi rodeado por todos os recursos de todos os elementos necessários para livrá-lo da moléstia. Tudo o que era preciso fazer, foi feito. Nada lhe faltou.

Mas a ciência dos homens tem limite como tem limite a resistência humana. E ele sucumbiu! Foi Deus que o levou. Foi o destino. De qualquer forma foi uma fatalidade inexorável diante da qual temos que nos consolar.

Não tenho queixas nem recriminações. Só tenho agradecimentos. E são estes que lhe peço transmitir a todos.

Não se cultiva a dor pela dor. Deve fazer-se dela instrumento para o bem da coletividade. E é isso que procurarei fazer para honrar a memória de meu filho. (*O Estado de S. Paulo*, 7. 2.1943)

Getúlio Vargas elabora a imagem de um pai que fora surpreendido pela morte de seu filho "mais moço". Todavia, ele afirma: "Não se cultiva a dor pela dor. Deve se fazer dela instrumento para o bem da coletividade"; a dor da morte individual não devia sobrepor-se aos interesses da nação que, naquele momento, possuía, entre seus problemas, o de estar envolvida em uma guerra.

Em nome de Darcy Vargas, a imprensa também publica uma "nota de agradecimento":

A Sra. Darcy Vargas, na impossibilidade de fazê-lo pessoalmente, vem por intermédio da imprensa paulistana, manifestar o seu agradecimento a todas as pessoas que prestaram assistência ao seu filho Getúlio Vargas Filho durante a sua enfermidade e que levaram o conforto de sua solidariedade no doloroso transe por que passou.

Faz, também, um agradecimento muito particular aos médicos que se desdobraram nos esforços, procurando com verdadeira abnegação salvar a vida do seu filho e lançando mão de toda ciência para o combate à moléstia que o vitimou.

72 IVANA GUILHERME SIMILI

Torna público, ainda, a sua gratidão, muito sincera aos servidores e domésticos que o cercaram com o seu carinho, e pela ansiedade com que acompanharam o desenlace da doença, manifestando com a sua dedicação o desejo de vê-lo novamente entregue ao convívio social. (ibidem, 4.2.1943)

Do lado de Darcy, no agradecimento feito às pessoas que a ajudaram no tratamento e cuidado do filho, expressam-se o seu desejo de mãe de que o filho voltasse à vida e sua frustração de nada ter podido fazer para que a vida que havia gerado vencesse a morte. Restava-lhe, apenas, agradecer e resignar-se.

Durante a doença e depois da morte do filho, atitudes diferentes foram adotadas pelo casal Vargas. De acordo com as notícias da imprensa, Getúlio Vargas retorna ao trabalho, dando continuidade ao projeto de inserção do país na Segunda Guerra Mundial, como se a dor individual não tivesse lugar nas cercanias do poder.

Consoante as notícias publicadas na imprensa sobre Darcy Vargas, ela se afasta totalmente de suas atividades. Licencia-se da Legião Brasileira de Assistência e ausenta-se da presidência da Fundação Darcy Vargas – Casa do Pequeno Jornaleiro, entidade organizada pela primeira-dama, em 1938, com o objetivo de assistir os jornaleiros que circulavam pelas ruas da capital carioca.

Segundo informação do jornal *O Estado de S. Paulo*, no período de afastamento da primeira-dama, Rodrigo Octávio Filho assumiu a presidência da LBA, de fevereiro até setembro de 1943, quando Alzira Vargas do Amaral Peixoto o substituiu, permanecendo até outubro, com o retorno de Darcy Vargas. Vale destacar que Rodrigo Octávio Filho foi uma personagem importante na trajetória da primeira-dama. Advogado, poeta, ensaísta e membro da Academia Brasileira de Letras, era um intelectual importante na capital carioca. Em 1943, ele era conselheiro da Fundação Darcy Vargas e secretário-geral da Legião Brasileira de Assistência.

"Cuidar é uma atividade regida pelo gênero tanto no âmbito do mercado de trabalho como na vida privada [...] os papéis tradicionais de gênero em nossa sociedade implicam que os homens tenham 'cuidado com' e as mulheres 'cuidem de'" (Tronto, 1997, p.189).

Se, em nome dos interesses da nação, em momento algum Getúlio Vargas deixou de ter cuidados com a política, em vida Darcy cuidou do filho e depois de sua morte a mãe continuaria a cuidar dele, mas em outra perspectiva: a da memória. A documentação encontrada na Fundação Darcy Vargas pode ser tomada como expressiva do luto materno. Ela sugere que Darcy se entregou ao luto, vivenciando-o, ocupando-se da composição de uma memória para o filho. A documentação é composta por álbuns de fotografias, recortes de jornais com as notícias publicadas sobre a morte do filho, cartas de apoio recebidas de pessoas comuns, poesias enviadas, principalmente sob a forma de anagrama.

O acervo Getulinho encontrado na Fundação Darcy Vargas revela que, para concretizar seu projeto de memória, Darcy pediu ajuda ao DIP, pois os recortes de jornais coletados na imprensa nacional e internacional foram cuidadosamente colados em papel com o timbre daquele órgão.

Ao "inventar" a vida de Getulinho, dotando-lhe de uma outra, a da memória, criada pela mãe para o filho perdido, Darcy produzia, com o material coletado, um acervo que pode ser interpretado como a materialização da dor e do sofrimento materno.

De acordo com Michelle Perrot (1989), os modos dos registros das mulheres estão ligados à sua condição, ao seu lugar na família e na sociedade, e são memórias do privado, voltadas para a família e o íntimo. São as mulheres que se incumbem de conservar os rastros das infâncias por elas governadas, a transmissão das histórias da família e, diante da morte, são as responsáveis pelo culto dos mortos, cuidando de suas sepulturas e de suas memórias.

No gesto da organização de um acervo, inscrevem-se em Darcy as práticas da memória feminina de recolher e guardar os registros de lembranças para cultuar a morte do filho.

"Os silêncios expressam uma linguagem. São formas de comunicação" (Pollak, 1989, p.8). Se a marca da trajetória da primeira-dama foi o silêncio (pouco disse ou escreveu), a memória produzida pela mãe para seu filho remete a uma quebra do silêncio de maneira sutil, feita muito mais de gestos do que de palavras.

No momento da dor, o silêncio rompe-se com gestos, inclusive o de escrever sobre o sofrimento. Os únicos documentos escritos por ela foram produzidos nesse período. O documento mais intrigante foi uma carta manuscrita em que se dirige ao filho como se estivesse com ele conversando. Sem sentido e com frases desconexas, a comunicação da dor e do sofrimento materno para o mundo encontra-se sintetizada nesta frase: "Meu Getulinho era tão bom que eu como mãe não cheguei a conhecê-lo. Como sofro por isto".

Outro documento foi esta carta-resposta, também manuscrita, a um pedido de entrega de um quadro de Getulinho feito por uma artista para uma exposição:

> A espontaneidade de seu gesto remetendo-me há alguns meses o quadro de sua autoria muito me comoveu e eu me afeiçoei a ele como a tudo o que pertenceu ao meu filho ou que a ele se refira.
>
> Disse-me, também a senhora em nossa entrevista de ontem, que seus trabalhos eram como seus filhos para eles e com eles vivia, no desejo de perfeição que é marca em todo artista. Para mim o retrato do meu Getulinho representa um pouco daquilo que perdi, é uma parte da minha própria vida que se foi e por isso me seria profundamente doloroso não só separar-me dele, como ainda sabê-lo exposto à curiosidade pública.
>
> Peço que procure compreender com sinceridade as razões de minha recusa e aceite meus melhores votos de completo êxito em sua exposição.

Na carta, Darcy Vargas expressa sua dor, sugerindo que perder a imagem do filho seria, para a mãe e guardiã da memória, perdê-lo novamente. Na ótica materna, a imagem do filho é seu objeto de culto, não aceitando dividi-lo ou compartilhá-lo com ninguém.

Entre as cartas e poesias recebidas e guardadas pela mãe, estão aquelas com pedidos feitos por pais para seus filhos e as de conteúdo religioso. Por intermédio dessa documentação, é possível captar como a dor e o sofrimento da primeira-dama foram compartilhados pela população.

No período de luto, Darcy recebeu uma carta de um pai que faz um pedido para a primeira-dama nestes termos:

MULHER E POLÍTICA **75**

para meu filho de poucos recursos, porém milionário também, em patriotismo e devotamento ao estudo, desde bem jovem, dos problemas econômicos do país, e também bem dotado de uma convicção e lealdade sem limites, me considerarei felicíssimo se, com a valiosa proteção de V. Exa. ele venha a se aproximar do governo federal.

O pai pede para Darcy Vargas "proteção" para seu filho, a fim de aproximá-lo do governo federal. Na carta, elabora-se a representação de uma maternidade coletiva para Darcy, que é lembrada da existência de outros filhos, os quais também precisam de seus cuidados e de sua proteção, como mãe dos filhos da nação que deveria ser.

Entre os materiais poético-religiosos elaborados sob a forma de anagrama, está este:

Generoso foste em vida, a morte será a tua consagração

Espírito cristão e católico, encontrarás no reino dos justos, a paz para tua alma.

Tombaste em pleno vigor dos anos, na primavera da vida, na ridente alvorada dos teus verdes madrigais em flor

Universal é a dor humana, mas para suavizar a tua perda, só há um refrigério – a religião cristã

Lembra-te da tua terra natal, do teu idolatrado Brasil, poema que Deus escreveu no livro do Infinito

Implora ao Senhor pelo teu pai, depositário da confiança, da tranqüilidade e dos destinos da tua terra e do povo brasileiro

Ora por tua bondosa mãe, cuja vida santifica-se no sagrado mister de enxugar a lágrima alheia e de amparar aqueles que não foram bafejados pelas auras da ventura

Viste desaparecer, pouco a pouco, todos os teus sonhos de jovem, deixando teu coração escrínio misterioso, repleto de amores e de fogueiras ilusões

Abriste na terra uma cova. Esta será fechada. No coração de teus pais, abriste uma chaga que o tempo será impotente para cicatrizar

Repercutem, ainda, nos nossos ouvidos, a tua voz, as tuas últimas palavras e o teu inolvidável adeus

Guarda contigo, não as flores depositadas no teu túmulo mas as lágrimas da tua mãe que sempre se recordará de ti, revivendo através da saudade a ale-

76 IVANA GUILHERME SIMILI

gria, que o esplendor da tua mocidade espargia pelo jardim da existência
A vida é um misto de alegria e tristeza, de sorrisos e de lágrimas. Ontem,
sonhos e ilusões povoavam o nosso pensamento, hoje somos vítimas de
uma realidade – a morte – que te roubou de nosso convívio.
Sê o embaixador de teu país, junto ao rei dos reis, pleiteando a paz para
a humanidade.
Feliz de ti, que tiveste ao teu lado os teus entes queridos nos primeiros
vagidos para a vida e nos últimos suspiros para a morte
Invocar a tua pessoa é reviver um passado, onde se casam sorrisos e flores
encenando a felicidade
Longe de teus amigos, progenitores e irmãos, continuarás a viver, porque
"não morre de todo, quem foi justo e bom"
Herdeiro do relicário das virtudes dos teus pais, a tua memória será um
exemplo para a posteridade
Olha a mansão celestial para aqueles a quem deixaste a alma cruciada pela
saudade e o coração transpassado pelo dor – Darci – Getúlio.

(*Santos Dumont*, 3.2.1943, Nicolau Pittella)

Na poesia para o filho, como em outras encontradas entre os
guardados da mãe, a simbologia religiosa é o recurso empregado na
construção de imagens. Nessa, é pedida a proteção divina para o filho
e para os pais da nação, para que continuassem, na terra, guiando o
destino de seus filhos. Particularmente para a mãe, "amparar aqueles
que não foram bafejados pelas auras da ventura".

Acompanham os gestos de conforto espiritual, sinalizados pelo envio
de cartas e de poesias, iniciativas de cunho memorialístico da sociedade
que eram comunicadas à mãe. A Associação Portuguesa de Desportos de
São Paulo enviou comunicado acerca da criação, em sua sede social, de
um espaço de memória para Getulinho. No posto da Legião Brasileira
de Assistência, em Jacarepaguá, foi inaugurado "um retrato" em homenagem ao morto. A "Cantina do Combatente", espaço de lazer criado na
sede central da LBA para os soldados convocados para a guerra, ganha
também a imagem e o nome de Getúlio Vargas Filho.

Como mãe que perdeu um filho, foi com a realidade da memória,
da dor e do sofrimento por ela trazidos que Darcy conviveu até ser

sucumbida novamente pela morte. Em 1954, perderia o marido que se suicida. Junta-se às antigas perdas (da mãe aos 14 anos, do pai que se suicida em 1932 e do filho em 1943) a do marido.

De forma contundente, a realidade da memória do filho e do pai reapareceria para a filha e mãe em 1954. Getúlio Vargas suicidou-se no dia do aniversário do filho morto, 24 de agosto, que, se vivo estivesse, completaria 34 anos.

Em homenagem ao filho: as fotografias que faziam recordar

Entre os álbuns com fotografias encontrados na Fundação Darcy Vargas, um deles contém imagens com indícios importantes de dois momentos da trajetória de Getulinho.

Embora na primeira fotografia não haja identificação sobre o acontecimento registrado, nela existem sinais importantes acerca do seu conteúdo. Um deles é que se trata de um registro visual obtido em um lugar aberto, porque atrás das personagens, compondo o fundo fotográfico, observa-se o retrato de algo composto por partes de um maquinário que sugere tratar-se de um aeroporto, um navio, ou algo do gênero.

Figura 2 – No centro, Darcy, Getulinho e Alzira (Acervo da Fundação Darcy Vargas).

Figura 3 – Getulinho e Darcy (Acervo da Fundação Darcy Vargas).

Pelo número de fotografias, no total seis imagens, que apresentam as personagens com o mesmo vestuário nos momentos retratados, é provável que as relativas ao primeiro momento refiram-se à partida de Getulinho para os Estados Unidos, para graduar-se em Química Industrial, e a segunda, ao retorno daquele país em 1940.

Dois aspectos emergem das fotografias: quanto ao estilo, podem ser caracterizadas como semiposadas e classificadas como familiares. Conforme destacado por Nelson Schapochnik (1998), as fotografias familiares reportam a uma escolha das ocasiões e das situações selecionadas, consideradas propícias ao registro fotográfico, e remetem aos momentos altissonantes por intermédio dos quais se confirmam a continuidade e a coesão do grupo familiar, atestando, assim, um desejo e uma ação deliberada de registrar aquilo que deve ser objeto de rememoração pela posteridade.

Para registrar dois momentos importantes na trajetória do filho, as imagens foram obtidas e guardadas. Como fotografias pertencentes ao acervo da família, elas foram, durante o período de vida de Getulinho, um instrumento de recordação de seu passado e, depois, com sua morte, continuaram sendo, como realidade e memória, fixadas em imagem.

MULHER E POLÍTICA **79**

Pode-se afirmar que as fotografias dos álbuns de Darcy transformaram-se em veículo de recordação da maternidade: do filho que ela teve e da mãe que ela foi. Era nítido, nas fotografias, nas fisionomias, nos gestos, na postura das figuras retratadas, que havia uma aura de descontração e de felicidade pairando sobre o ar. O exposto pela aura fotográfica traduz a alegria expressa nos sorrisos presentes nos dois momentos: a juventude dos filhos (porque nela estão Alzira e Getulinho) e a maternidade dos filhos jovens. O toque carinhoso da mão do filho sobre o braço da mãe e, em sua volta ao Brasil, o braço da mãe retendo o filho perto de si.

Nas fotografias, como objetos de contemplação de uma mãe, estavam os sinais de um momento e etapa feliz da maternidade, congelados no tempo. Sobre as fotografias da mãe, na perspectiva do amor e da morte, Roland Barthes (1984, p.112-3) escreveu:

> Dizem que o luto por seu trabalho progressivo apaga lentamente a dor; eu não podia e não posso acreditar nisso, pois, para mim, o tempo elimina a emoção da perda (não choro!), isso é tudo. Quanto ao resto, tudo permaneceu imóvel. Pois o que perdi não é uma figura (a Mãe), mas um ser, e não um ser, mas uma qualidade (uma alma); não a indispensável, mas a insubstituível. Eu podia viver sem a Mãe (todos vivemos, mais cedo ou mais tarde); mas a vida que me restava seria infalivelmente e até o fim inqualificável (sem qualidade).

Para Barthes, a perda de uma mãe e os lutos e as dores que lhe são subseqüentes alteram a "qualidade da vida". Talvez, no movimento inverso, a perda de um filho tenha provocado esse sentimento na mãe Darcy Vargas: alteração na "qualidade da vida".

A vida para a mãe, no entanto, teria continuidade. Na trajetória da primeira-dama, nota-se claramente que, da chegada de Darcy Vargas ao poder em 1930, acompanhando Getúlio Vargas no novo percurso político, como chefe do governo provisório, até a saída dele da Presidência da República em 1945, vários acontecimentos pontuaram seu percurso de modo a transformar a mulher, esposa e mãe. Algumas mudanças provocadas por ela própria, por suas decisões, denunciando a liberdade de escolha; outras decorrentes do tempo ou de alterações geradas pelo destino.

Na mulher Darcy Vargas, revelam-se os ganhos e as perdas proporcionados pela vida e pelo destino. Talvez um dos principais ganhos tenha sido a possibilidade de criar uma outra trajetória no espaço da filantropia e da assistência social, em que pôde deixar as marcas e os registros daquilo que ela também foi: uma mulher envolvida com as problemáticas e políticas sociais. Esse é o assunto dos próximos capítulos.

2
A FUNDAÇÃO DARCY VARGAS
E A INFÂNCIA

Em 1930, no Rio Grande do Sul, Darcy Vargas participou da política de Getúlio Vargas organizando a Legião da Caridade, cujos objetivos eram a produção de roupas e de agasalhos para os combatentes que haviam partido para a aventura revolucionária com Getúlio Vargas e a distribuição de mantimentos para as famílias que os revolucionários haviam deixado para trás.

Entre 1930 e 1945, ao mesmo tempo que sua vida como mãe e esposa direciona-se para o privado, cuidando dos filhos, do marido e de suas questões, a primeira-dama se envolveria no espaço público com problemáticas sociais relacionadas à infância. Em 1938, ela criou a Fundação Darcy Vargas, uma entidade filantrópica com a finalidade de "curar, amparar e educar a infância desvalida da cidade do Rio de Janeiro, como também promover a difusão do ensino profissionalizante de menores de ambos os sexos, com o propósito de prepará-los moral e fisicamente para uma vida útil, modesta e feliz" (Ata de reunião da Fundação Darcy Vargas, de 12.12.1939).

Na trajetória de Darcy Vargas, é possível identificar os dois conceitos de assistência que guiaram suas ações: a caridade e a filantropia. Na Legião da Caridade, os problemas sociais emergenciais decorrentes da luta política de Getúlio Vargas levaram Darcy a coordenar o trabalho de mulheres da elite para suprir as necessidades básicas de roupas e de

82 IVANA GUILHERME SIMILI

mantimentos para os combatentes e seus familiares. Uma ação caritativa caracterizada pelo imediatismo e pela mobilização dos segmentos ricos para ajudar os mais pobres (esmolas e boas ações convertem-se em roupas e alimentos) sobressai da atuação da Legião da Caridade de Darcy Vargas.

Com a criação da Fundação Darcy, em 1938, a primeira-dama estabelece, no cenário assistencial do Rio de Janeiro, uma obra destinada à "infância desvalida", impondo, assim, sua participação no âmbito das políticas assistenciais defendidas pelo Estado e pelo empresariado no que tange ao tratamento de "questões sociais" relativas à infância.

É importante destacar que a historiografia acerca da "questão social" no Brasil é marcada por algumas concepções que vêm orientando os estudos sobre assistência social. Uma das definições usadas no âmbito de diversos trabalhos é a de que a questão social representa "o conjunto de problemas políticos, sociais e econômicos que o surgimento da classe operária impôs ao mundo, no curso da constituição da sociedade capitalista" (Cerqueira Filho, 1982, p.21).

As interpretações sobre o tratamento dispensado à questão social são unânimes em afirmar que até 1930, no horizonte simbólico da classe dominante e do Estado, a existência da "questão social" era negada, apesar dos conflitos operários, das denúncias das condições degradadas de vida e trabalho, das vozes públicas que advogavam a exigência de direitos e mudanças nas relações de trabalho. O posicionamento do Estado e das classes dominantes diante da questão social teria feito que a repressão e a caridade constituíssem as formas de combate do problema.

Na literatura histórica, os anos 1930 aparecem como marcadores no que tange ao tratamento dispensado pelo Estado e pela sociedade à questão social. As análises partem do princípio de que a "questão social" adquiriu maior relevância e caráter dinâmico a partir da década de 1920. Em virtude da explicitação das contradições sociais do processo de implantação do capitalismo, a questão social passou a ser discutida como problemática legítima, como "questão eminentemente política" pertencente à esfera do Estado, "fenômeno que requer soluções mais sofisticadas de dominação" do que a intervenção da polícia. (ibidem, 1982, p.75)

MULHER E POLÍTICA 83

A questão social transforma-se, assim, em questão política, passando a ser enfrentada por políticas sociais e assistenciais. Para Wanderley Guilherme dos Santos (1979, p.75),

> o conceito chave que permite entender a política econômico-social póstrinta, assim como fazer a passagem da esfera da acumulação para a esfera da equidade, é o conceito de cidadania, implícito na prática política do governo revolucionário, e que tal conceito poderia ser descrito como "cidadania regulada", ou seja, são cidadãos todos aqueles membros da comunidade que se encontram localizados em qualquer das ocupações reconhecidas e definidas em lei. A cidadania, portanto, está ligada à profissão, e os direitos como cidadão resumem-se naqueles referentes a posição ocupada por ele no processo produtivo e de acordo com o que a lei reconhece.

Ficam excluídos todos aqueles cujas ocupações a lei desconhece. A organização sindical, em conseqüência, desarticula-se por ser forçada a se definir nas estruturas burocratas do Estado, que era "quem definia quem era e quem não era cidadão, via profissão" (Santos, 1975, p. 70).

Nessa perspectiva, tem-se a cisão entre cidadãos e não-cidadãos. Os primeiros detentores de direitos por exercerem atividades reconhecidas em lei e poderem ter acesso aos direitos trabalhistas e previdenciários. Os outros, desempregados, empregados temporários, bem como aqueles que exerciam atividades não consideradas pelo Estado, ficavam na condição de pré-cidadãos, restando-lhes ações assistencialistas, que não se convertiam em direitos.

De acordo com Aldaiza Sposati (1989), a assistência na trajetória das políticas sociais brasileiras é uma forma discriminada e parcial de atender alguns segmentos populacionais excluídos historicamente que, de forma objetiva, não existem para o capital – desempregados, indigentes, deserdados, órfãos, abandonados etc. Dessa forma, a assistência não ecoaria como direito do cidadão, mas como "mérito do necessitado". Não como um direito, mas sim como um favor emergencial.

Em se tratando da assistência social, é somente no final do século XIX que se detectam os primeiros indícios de uma preocupação mais sistematizada com a assistência em geral e com a assistência à infância em particular. A industrialização – a urbanização associada à migração interna e ao êxodo rural – revelou sua face cruel: crianças perambulando pelas ruas e esmolando, morando em favelas, trabalhando nas indústrias. A "infância desvalida" aparecia no cenário urbano e mostrava a existência de um problema social que não se queria admitir.

Diante daquela que era uma nova realidade social, as instituições de proteção à infância que haviam sido estabelecidas durante o período colonial, limitadas ao recolhimento e ao abrigo de crianças em asilos, revelam-se insuficientes e inadequadas para o atendimento das demandas sociais. Surgia no cenário social a "questão do menor", designativo de um tipo de infância desfavorecida, delinqüente, carente, abandonada.

Uma primeira posição do Estado, que passou a ser defendida por médicos e juristas no tratamento da "questão do menor" e que se estenderia às décadas iniciais do século XX com as políticas sociais do Estado, ocorre por meio da filantropia. Esta tinha o objetivo de dar continuidade à obra de caridade, orientada por uma nova concepção de assistência, e entendia que não cabia tão-somente a esmola que humilhava, mas a reintegração social daqueles que seriam os eternos clientes da caridade: os desajustados (Rizzini, 1993).

Na área da assistência à infância, ainda nos anos 1920 surgiram algumas tendências e características que se prolongariam nas décadas seguintes:

- Diversos setores da sociedade brasileira passaram a investir na criação e na reformulação de instituições com características de asilo e de reformatório para menores.
- O Estado assumiu gradativamente uma função de controle sobre a assistência. Surgem, por um lado, órgãos destinados a lidar com o problema, como o Juízo de Menores (1923), e, por outro, uma intensa produção e sistematização de leis de proteção à infância, consolidadas pela promulgação do primeiro Código de Menores (1927).
- A assistência provinha de projetos elaborados pelas elites políticas, intelectuais e econômicas, tais como médicos, juristas, educadores

e empresários preocupados com o aumento da criminalidade e da improdutividade entre os pobres, sem nenhuma participação dos grupos aos quais os serviços eram destinados.

- A assistência à infância constituiu-se sob a forma de um conjunto de políticas, de programas e de projetos que coexistiam de maneira não-coordenada, apresentando graves problemas: a duplicidade de ações, a ausência de integração dos programas, o forte cunho assistencialista destes e a baixa qualidade do atendimento (Rizzini & Wiik, 1990, p.5).

É nesse conjunto de ações que compreendem a assistência social que surge a Fundação Darcy Vargas, como obra criada pela primeira-dama em 1938. Destinada ao amparo à "infância desvalida", a Fundação traz em seu projeto e programa as tendências e características da política assistencial desenvolvida nos anos 1930 para o segmento infantil e os sinais da presença e da participação da personagem no cenário das políticas assistenciais para a infância.

As mulheres na política: maternidade e infância

Naqueles anos da década de 1930, o espaço público se abriria à participação feminina. A industrialização intensificava o processo de participação da mulher no mercado de trabalho, e a conquista do direito do voto, em 1932, permitiu o acesso das mulheres aos cargos públicos.

Conforme observado no Capítulo 1, em 24 de fevereiro de 1932 foi decretado por Getúlio Vargas o novo Código Eleitoral, que instituiu o direito de voto às mulheres sob as mesmas condições dadas aos homens. A Constituição promulgada em 1934 garantiu expressamente o voto para as mulheres.

No mesmo compasso dos avanços e das conquistas das mulheres, levantam-se vozes reacionárias pedindo a volta da mulher ao lar e sua moralização dessexualizada como fatores de reordenamento da família. No discurso de diversos setores sociais, a saída da mulher para o mercado de trabalho era concebida como um elemento desestabilizador da família: na ausência da figura materna, os filhos ficavam abandonados e sem apoio moral.

"Mais tímidas, menos lógicas, menos objetivas, mais subjetivas, embora tão inteligentes (quanto os homens), abnegadas e soberanas". Por meio desses atributos, buscava-se reconduzir a mulher ao seu ambiente considerado único: o lar. Fazê-la sentir-se a "Rainha do Lar", acompanhar os mínimos movimentos da vida cotidiana da família, vigiar seus horários, controlar seus gestos, antecipando-se a qualquer comportamento desviante do marido e dos filhos (Rago, 1985).

Uma das preocupações evidentes manifestadas pela imprensa do período, conforme demonstrado por Rachel Soihet (1996, p.115), dizia respeito aos comportamentos femininos reivindicadores de uma participação mais plena na sociedade, os quais eram vistos como uma ameaça à ordem instituída, sob o signo dos interesses masculinos, que temiam a perda de seu predomínio nas relações de poder entre os gêneros. Na imprensa, não apenas a questão da presença feminina no mercado de trabalho ou a profissionalização feminina mereceram severas críticas, mas todas as reivindicações desse gênero, cuja finalidade era o exercício da plena cidadania, foram objeto de chacotas, com vistas a ridicularizar as mulheres. As charges e os comentários dos articulistas acentuavam a importância da sensibilidade privativa da mulher, por meio da qual, "dominando o homem, guia as crianças e governa o mundo". A imprensa fazia questão de lembrar às mulheres que o casamento e a maternidade eram a sua "missão na terra".

Nesse contexto, algumas medidas governamentais foram implementadas com o propósito de reconhecer os direitos sociais das mulheres. Em 1932, o Decreto n° 21.417 regulamentou as condições de trabalho das mulheres nos estabelecimentos industriais e comerciais. Dispunha sobre o salário, o horário e os locais de trabalho apropriados às mulheres, e sobre os direitos da trabalhadora grávida e das mães, como a amamentação e a creche.

Com relação ao trabalho feminino, as medidas governamentais adotadas nos anos 1930 não conseguiram coibir os abusos patronais e eliminar as diferenças no tratamento dispensado aos homens e às mu-

MULHER E POLÍTICA **87**

lheres pelo mercado de trabalho. Embora as medidas implementadas encorajassem mudanças no sistema de relações industriais, elas reforçavam os "tradicionais" papéis de homens e de mulheres. Reconduzir os homens aos seus papéis de provedores da família e as mulheres ao lar, onde elas pudessem criar os seus filhos e tomar conta dos seus maridos, era o projeto que norteou a política social principalmente a partir do Estado Novo (Wolfe, 1994).[1]

Além das medidas legislativas assumidas pelo governo quanto à garantia de direitos sociais às trabalhadoras, o acesso das mulheres aos cargos públicos e políticos possibilitou que questões relacionadas ao feminino – à maternidade e à infância – fossem levadas para debate e discussão no Congresso Nacional.

Na Assembléia Constituinte de 1933, Carlota Pereira de Queiroz, médica paulista que participou do Movimento Constitucionalista de 1932, foi empossada deputada federal. A trajetória dessa mulher e seu posicionamento na Câmara dos Deputados evidenciam as preocupações que vão orientar sua atuação no Legislativo, as quais serão relacionadas às mulheres e à infância (Schpun, 1997).

Antes de tornar-se deputada, em 1932, em São Paulo, Carlota havia criado o Departamento de Assistência aos Feridos (DAF), uma entidade com fins assistenciais para prestar socorro aos combatentes, trazendo, portanto, em seu percurso as marcas de ligações com o universo feminino da filantropia paulista, a fim de vislumbrar, nas ações caritativas e filantrópicas, um meio legítimo de atuação.

A estreita relação de Carlota com o assistencialismo, originária de sua formação como médica e educadora e participante de entidades de cunho filantrópico na capital paulista nos anos 1930, refletiu-se em sua postura como deputada federal, com interesse voltado para a criação de serviços sociais direcionados às mulheres e à criança. É dela o projeto de criação do Departamento de Amparo à Mulher e à Criança, futuro Departamento de Assistência Social, em substituição ao projeto original que circulou na Câmara dos Deputados, da instituição de um Departamento Nacional de Mulher.

---

1 Sobre mulher e mercado de trabalho, ver Winstein (1995).

88 IVANA GUILHERME SIMILI

Preocupações com questões relacionadas às mulheres estiveram no cerne da atuação de Carlota Pereira de Queiroz, bem como de outra feminista, Bertha Lutz. O trabalho feminino, inclusive aquele das mulheres pobres, era uma forte inquietação na militância de Bertha Lutz, que nesse âmbito sugeriu a criação das associações de classe para diversas categorias profissionais. Como parlamentar, a partir de 1935 desdobrou-se na criação da Comissão do Estatuto da Mulher, da qual foi presidente, com o propósito de regulamentar os artigos constitucionais relativos aos assuntos femininos. Além dessa iniciativa, foi criado, no Ministério da Educação e Saúde, uma Divisão de Ensino Doméstico e Vocacional, revelando, assim, em suas práticas, a manutenção das concepções acerca da divisão sexual do trabalho. Seu ideal de assegurar a domesticidade feminina foi mais longe, sobretudo quando sugeriu a criação de uma Faculdade de Ciências Domésticas e Sociais destinada à formação de "especialistas nos problemas domésticos e sociais e do treinamento para serviços federais de ensino doméstico e professoras secundárias" (cf. Soihet, 1996).

Para Monica Schpun (1997, p.192), a atuação de Carlota revela-se diferente de Bertha Lutz. Esta última, como outras feministas do período, parece lançar sobre o social um olhar preocupado com a garantia dos direitos civis e políticos da mulher, com igualdade de condições e de acesso ao trabalho e à justiça. Carlota, por sua vez, pensa nas questões femininas com um olhar de educadora e de médica, sem esquecer suas preocupações assistencialistas que se referem à proteção à infância e à maternidade etc. O filtro seria outro, mesmo que muitas vezes houvesse coincidências entre os diagnósticos e as posturas de uma e outra.

Não obstante essas diferenças de enfoque na atuação de feministas como Carlota Pereira de Queiroz e Bertha Lutz, um aspecto é nítido: a maternidade e a infância são os temas principais da agenda de suas atuações, e os projetos elaborados visavam contribuir para a melhoria de condições de vida e de existência das mães e das crianças.

Preocupações com questões relacionadas à maternidade e à infância também orientaram a atuação de outras mulheres no espaço público assistencial, com o objetivo de criar projetos e de programas destinados ao atendimento de mães e de crianças. Em São Paulo, em 1930 foi

MULHER E POLÍTICA 89

criado por Pérola Byington a Cruzada Pró-infância. Sob a liderança de Pérola e de Maria Antonieta de Castro, a Cruzada tinha como objetivo combater a mortalidade infantil por meio de um programa de assistência para as crianças e suas mães. A criação da entidade devia-se a uma situação concreta que gerava preocupação nas elites brasileiras: as altas taxas de mortalidade infantil, decorrentes das péssimas condições sanitárias e de trabalho. Homens e mulheres das camadas médias e das elites passaram a denunciar esse "desperdício" de vida para a nação. A criação da Cruzada inseriu-se nesse campo de preocupações como forma de combater o problema (Mott, 2001).

A Cruzada desenvolveu vários programas e serviços de proteção à infância e à maternidade, entre eles a realização de partos e o amparo das mães, independentemente da condição matrimonial (ações que geravam controvérsias à medida que o modelo da família vigente preconizava a maternidade no casamento), e o pagamento do leite materno, que partia do reconhecimento de que a mãe não devia separar-se da criança, embora houvesse casos em que impedimentos eram reais, como doenças, morte materna ou abandono da criança. Em 1940, tendo em conta essa realidade, foi criado o lactário humano. A educação das mães foi outro serviço desenvolvido pela Cruzada ao longo dos anos 1930 e 1940. A ignorância, a falta de conhecimentos básicos de puericultura, a persistência de práticas tradicionais no cuidado das crianças, a amamentação artificial e a alimentação inadequada eram consideradas as principais causas da mortalidade infantil. A educação era realizada de diversas maneiras: por informações durante as consultas médicas, por aulas realizadas na própria entidade, pela promoção de diferentes cursos de puericultura e realização de eventos, como a Comemoração do Dia da Criança e do Concurso de Robustez Infantil. As propostas de educação iam além dos princípios de puericultura e visavam aos ensinamentos sobre os direitos maternais. A Cruzada desenvolveu estratégias para apoiar as mães de diferentes camadas sociais que trabalhassem fora do lar, por meio da organização de cursos de pajens e de luta pela criação de creches. O curso de pajens objetivava formar moças para trabalhar em casas de família.

90 IVANA GUILHERME SIMILI

Faziam parte do quadro de iniciativas femininas de criação de projetos e de programas de amparo à infância a Cruzada Pró-Infância e a Fundação Darcy Vargas, esta criada pela primeira-dama no Rio de Janeiro, em 1938. Carlota Pereira de Queiroz, Bertha Lutz e Pérola Byington eram feministas pertencentes aos quadros da Federação Brasileira para o Progresso Feminino.[2] Darcy Vargas, por sua vez, tinha uma trajetória diametralmente oposta. Como pertencia aos quadros da elite política pelos laços de casamento com Getúlio Vargas, ela deveria, como esposa e primeira-dama, agir em favor dos interesses do marido governante, com posturas e práticas compatíveis com a posição ocupada no cenário nacional.

Apesar de essas diferenças serem visíveis, é possível identificar, nas práticas das mulheres, uma agenda comum que direcionava a atuação delas no espaço público: questões relacionadas às mulheres e à infância. Ao defenderem as causas das mulheres (como Carlota e Bertha), ao participarem da criação de políticas públicas direcionadas à materni-dade e à infância (como fez Pérola com a Cruzada Pró-Infância) e ao instituírem uma Fundação destinada ao amparo da infância (como fez Darcy), elas criaram uma trajetória pública baseada no papel de mulheres e mães que eram e nas questões que lhes diziam respeito: a maternidade e a infância.

Para Mariza Corrêa (1997), entre as tendências surgidas nos anos 1920 sobre o tratamento das problemáticas relativas à criança e aos menores, que nos anos 1930 assumiram feição de política do Estado, o grande destaque foi a "questão do menor abandonado" que deveria ser enfrentada por meio de sua institucionalização. Caberia então às mulheres o papel de agentes nesse cuidado institucional.

Ainda de acordo com Corrêa (1997, p.84-6), "a mulher e os me-nores, categorias vistas quase como sinônimos desde que se tratou de

---

2   Conforme observado no Capítulo 1, a Federação Brasileira para o Progresso Feminino surgiu em 1922, no Rio de Janeiro, e tinha, entre seus princípios de luta a proteção da maternidade e da infância. Para acompanhar o percurso da FBPF, ver Hahner (1981, 2003).

MULHER E POLÍTICA 91

sua participação no mercado de trabalho", serão dissociados à medida que se ampliam os deveres da mãe em relação aos filhos, conforme as mulheres reclamam para si a ampliação da definição da maternidade para além dos limites do lar e são chamadas a ocupar funções maternas fora dele. Separam-se também à medida que a categoria menor passa a ser quase sinônimo de menor abandonado e de delinqüente em potencial. Como resultado desse processo, "a figura da mãe vai se desdobrar na da professora primária e na da assistente social, profissão que se formava à época, no bojo de uma série de atividades filantrópicas lideradas por mulheres".[3] Portanto, entre as profissões dignas que poderiam ser exercidas pelas mulheres das classes médias e da elite, estava aquela ligada à assistência social.

Segundo Iamamoto & Carvallho (1991, p.170), as chamadas "protoformas do Serviço Social" começaram a aparecer no Brasil depois da Primeira Guerra Mundial, impulsionadas pelo Tratado de Versalhes, que instituiu uma nova política social mais compreensiva com relação à classe operária, e pelos grandes movimentos operários de 1917 a 1921, que tornaram patentes, para a sociedade, a existência da questão social. As instituições assistenciais que surgem nesse momento, como a Associação das Senhoras Católicas (1920) no Rio de Janeiro e a Liga

---

3   Para demonstrar essa assertiva, Mariza Corrêa (1997), apoiada no trabalho de Maria Eugênia Celso, de 1938, apresenta este balanço. Segundo Eugênia, à frente das principais entidades assistenciais estavam as mulheres, como Stella Guerra Duval. A colaboração feminina fazia-se sentir, ainda, na "Casa de Saúde Santa Inês, na Assistência aos Lázaros, na Cruzada contra a Tuberculose, na Caritas Social, nas Damas da Caridade, na Associação de Senhoras Brasileiras, no Asilo Bom Pastor, no Centro Social Feminino, na Ação Social, na Associação de Educação, na Casa do Estudante, no Sanatório de Santa Clara, no Asilo dos Desvalidos de Petrópolis, na Liga das Senhoras Católicas de São Paulo, na Cruz Vermelha, na Pequena Cruzada, no Asilo São Luiz, no SOS, na Liga dos Cegos, no abrigo Tereza de Jesus, na Casa do Pobre, na Casa da Criança, na Fundação Osório, na Liga Pró-Temperança, na Missão da Cruz, na Casa Maternal Mello Mattos, na Associação Cristã Feminina, na Associação Nossa Senhora Auxiliadora, no Patronato da Gávea, na Obra do Berço, no Sodalício da Sagrada Família. A estas se somariam as contribuições das mulheres no Departamento de Enfermeiras da Escola Ana Nery e na Federação Brasileira pelo Progresso Feminino, presidido por Bertha Lutz" (Maria Eugênia Celso apud Corrêa, 1997, p.86-7).

92 IVANA GUILHERME SIMILI

das Senhoras Católicas (1923) em São Paulo, passam a se diferenciar das atividades tradicionais da caridade. Desde o início, são obras que envolvem de forma mais direta e ampla os nomes das famílias que integram a grande burguesia paulista e carioca e, às vezes, a própria militância de seus elementos femininos. Possuem um aporte de recursos e potencial de contatos estadual, que lhes possibilita o planejamento das obras assistenciais de maior envergadura e eficiência técnica.

O surgimento dessas instituições ocorre dentro da primeira fase do movimento de "reação laica", da divulgação do pensamento social da Igreja e da formação de bases organizacionais e doutrinárias do apostolado laico. Essas associações têm em vista não o socorro aos indigentes, mas, numa perspectiva "embrionária de assistência preventiva, de apostolado social, atender e atenuar determinadas seqüelas do desenvolvimento capitalista, principalmente no que se refere a menores e mulheres" (ibidem).

No que tange à profissionalização das assistentes sociais, é importante destacar que nos anos 1930 o serviço social começou a ser aceito como profissão feminina, tendo o incentivo e o respaldo de vários intelectuais que a consideravam uma opção profissional a mais para as mulheres, além do magistério. Em São Paulo, um relevante marco nesse sentido foi o Primeiro Curso de Formação Social realizado em 1932, promovido pelas freiras do Colégio Des Oiseaux, que trouxeram da Bélgica *mademoiselle* Adele de Loneux para ministrá-lo. Terminado o curso, criaram-se o Centro de Estudos de Assistência Social (Ceas) e os primeiros centros operários em que algumas moças que os freqüentaram passaram a desenvolver um trabalho social com as operárias. Em 1936, surgiu a Escola de Serviço Social de São Paulo, que iniciou a sua primeira turma com catorze moças católicas, as quais se tornaram as primeiras assistentes sociais brasileiras (Iamamoto & Carvalho, 1991; Lima, 1991).[4]

No Rio de Janeiro, em 1936, ocorreu a Primeira Semana de Serviço Social, que significou um marco para a introdução do serviço social

---

4   Diversos estudos abordam o trajeto do serviço social em São Paulo, como Iamamoto & Carvalho (1991) e Lima (1991).

na capital da República, por iniciativa de Dom Sebastião Leme. Nessa ocasião, veio ao Brasil o padre belga Valère Fallon, sociólogo e catedrático da Faculdade de Filosofia de Louvain, com o objetivo de dinamizar a ação social e o apostolado laico. Participaram do encontro os ativistas dos movimentos e dos grupos de ação social (JOC, círculos operários etc.), os representantes das instituições e das obras de caridade e de assistência, representantes da intelectualidade católica, enfim, os setores mais ativos do movimento católico laico (Iamamoto & Carvalho, 1991, p.185).

Um aspecto a ser ressaltado do encontro foi a participação de Darcy Vargas na Comissão de Honra, como sua patrocinadora. Sua participação, contudo, não se limitou a essa atuação solene. O encontro também foi decisivo para que algumas iniciativas fossem impulsionadas, como a criação do Lar Proletário e do Instituto de Educação Familiar e Social. O Lar Proletário, destinado à construção de habitações populares, teve, em sua presidência, secundada por uma plêiade de figuras da sociedade, Darcy Vargas, apoiada pelo sistema financeiro oficial. O Instituto de Educação Familiar e Social foi criado em 1937, também com o apoio institucional do governo, com o objetivo de formar quadros para os serviços assistenciais na capital carioca, de acordo com as iniciativas restritivas da ação católica. Deve-se destacar que o Instituto de Educação Familiar e Social era composto pelas Escolas de Serviço Social (Instituto Social) e Educação Familiar e foi criado por iniciativa do Grupo de Ação Social (GAS). Sucede a essa iniciativa a criação, em 1938, da Escola Técnica de Serviço Social pelo Juízo de Menores, e, em 1940, é introduzido o curso de Preparação em Trabalho Social, na Escola de Enfermagem Ana Nery (escola federal). Em 1944, surge no cenário a Escola de Serviço Social, como desdobramento masculino do Instituto Social (ibidem).

O surgimento de entidades filantrópicas criadas pelas mulheres nos anos 1930, entre as quais se inclui a Fundação Darcy Vargas, se baseia, a nosso ver, em dois fenômenos interligados: a ampliação das funções maternas no espaço público e a profissionalização da assistente social para o feminino, como extensão das atividades de mãe e de professora primária, tendo como motores as políticas públicas estatais.

Segundo Gisela Bock (1991), o princípio do maternalismo feminista ou feminismo maternal é a maternidade como condição unificadora do sexo feminino.[5] Ao participarem da fundação de entidades assistenciais destinadas à infância, as mulheres que se envolveram nos anos 1930 e 1940 com a filantropia, nas suas práticas, evidenciavam que compartilhavam as representações de que podiam cuidar, amparar e educar os filhos de outras mães, ocupando, assim, o lugar da família. Ao cuidar das crianças, cuidavam também das mães, por intermédio dos filhos.[6]

De acordo com Maria Lúcia Mott (2001, p.229), na interpretação da trajetória de Pérola Byington, essas mulheres como mulheres e mães: "defendiam que a maternidade lhes atribuía qualidades específicas, naturais, para o desempenho de determinadas atividades, sobretudo aquelas destinadas ao bem-estar das mães e das crianças, e que era seu dever, face à nação, desempenhá-las".

Como destacado pela autora, o discurso maternalista, contudo, pode ser considerado conservador, responsável pela perpetuação da subordinação das mulheres, reproduzindo a hierarquia entre os sexos, ou ainda autoritário, obrigando-as a serem mães, independentemente de sua vontade. Esse discurso impunha às mais pobres a ideologia das camadas dominantes.

O discurso maternalista pode ser entendido como um elemento que compôs o campo das práticas e das representações das mulheres que nos anos 1930 se envolveram com a filantropia e que também participaram da política do Estado no desenvolvimento de políticas sociais destinadas à infância e à maternidade.

---

5   O conceito de "maternalismo feminista" ou "feminismo maternal" foi utilizado por Gisela Bock (1991) no exame da relação entre pobreza feminina, maternalismo e direitos maternos na emergência dos Estados-providência, nos países europeus. Uma perspectiva de análise nos estudos feministas, recentemente desenvolvida e incorporada nos trabalhos, é a noção de maternalismo e sua contribuição nas análises políticas (cf. Lu Barret, 1996; Luna, 2000). Questões e conceitos relacionados ao maternalismo também são explorados por Luna (2002).

6   O conceito de práticas e de representações é usado no sentido apresentado por Chartier (1990), para quem as práticas dos sujeitos são orientadas pelas representações por eles detidas, no caso, por "elas detidas" sobre a realidade.

MULHER E POLÍTICA 95

Por essas características do serviço social e da assistência social, a trajetória da primeira-dama e da Fundação Darcy Vargas é esclarecedora quanto à participação do maternalismo na construção das políticas assistenciais do Estado, de uma etapa percorrida pelo serviço social no Rio de Janeiro e pela profissionalização das assistentes sociais. Em suma, é possível captar, por intermédio das ações da primeira-dama em sua obra, a "experiência social" (Soihet, 2003) que foi compartilhada por mulheres que criaram instituições filantrópicas e se envolveram com as políticas para a infância.

Na Fundação Darcy Vargas, a casa do pequeno jornaleiro

De todo o trabalho filantrópico-assistencial realizado pela primeira-dama, a Fundação Darcy Vargas foi a obra que mais deixou rastros nítidos na imprensa da época e na cidade do Rio de Janeiro, bem como registros acerca de seu itinerário, como atas e documentos relativos ao período (1938-1968) em que foi administrada pela esposa de Vargas.

A importância conquistada pela Fundação Darcy Vargas pode ser interpretada como efeitos do poder de Vargas sobre o trabalho filantrópico-assistencial da esposa. Foi a obra sobre a qual incidiu o investimento governamental de propaganda, passível de ser dimensionado na imprensa e pelos materiais de divulgação e debate acerca de questões relativas ao serviço social.

Esse investimento encontrou, no projeto da Casa do Pequeno Jornaleiro, primeiro braço assistencial da Fundação Darcy Vargas, iniciado em 1939, os componentes para dar visibilidade às realizações da primeira-dama e, conseqüentemente, à política assistencial preconizada pelo governo para a infância/juventude.

Quando ainda estava em curso o processo de construção da Casa do Pequeno Jornaleiro, foi publicada, na *Revista Serviço Social* de maio de 1939, uma nota informativa acerca do projeto assistencial. Nessa nota, havia as seguintes informações: a Casa estava sendo estruturada para atender "200 meninos entre internos e externos", havia uma previsão

96 IVANA GUILHERME SIMILI

de que ela ficaria pronta até o final daquele ano, Rubens Porto seria o responsável pelo projeto de edificação e os religiosos se ocupariam da formação física, intelectual e moral dos pequenos jornaleiros.

A iniciativa da primeira-dama de criar uma Casa para os "Pequenos Jornaleiros" também passa a movimentar o debate acerca do segmento que seria atendido pela entidade, constituindo uma forma de divulgação da atuação filantrópica da personagem e de sua entidade. Nesse sentido, em 1940, a *Revista Serviço Social* publicou uma matéria que permite conhecer quem eram os "Pequenos Jornaleiros". Segundo informava, os jornaleiros eram figuras simpáticas e populares, que viviam nas ruas das cidades gritando os nomes dos jornais e que a sociedade procurava ajudar, comprando deles os jornais. Entretanto, escondia-se no pequeno jornaleiro um problema social, visto que "todo delinqüente foi, em seus dias de menino, jornaleiro ou engraxate". Embora o trabalho desses menores fosse considerado importante porque necessário à família e muitos fossem seu arrimo ou suplementassem as despesas com os ganhos obtidos nessa atividade, o meio em que os jornaleiros viviam, as ruas, era perigoso e favorável ao desenvolvimento de vícios, como os jogos, a bebida, o cigarro e as práticas de pequenos delitos, tais como: a ludibriação e o roubo de clientes. Por conta do trabalho, esses meninos abandonavam a escola e, "sem orientação moral e completamente livres, adquirem predisposição para um ataque passivo ou ativo à sociedade". Sem uma intervenção nessa realidade, o destino desses menores, transformados em delinqüentes, era a "casa de detenção ou de reforma" (*Revista Serviço Social*, dez.1940, p.12).

Na matéria, o pequeno jornaleiro é apresentado como trabalhador, menor e proletário, que se ocupava da venda de jornais pelas ruas da cidade, mas, dado o lugar em que a atividade era exercida, nas ruas, ficava exposto a vários riscos e a perigos que podiam transformá-lo em delinqüente.

O pequeno jornaleiro era um problema social que reclamava a intervenção do Poder Público, trazendo em seu germe a delinqüência e a marginalidade que deviam ser combatidas antes que se transformassem em realidade.

MULHER E POLÍTICA 97

Nos anos 1930 e 1940, várias medidas legislativas e institucionais foram implementadas por Vargas com o objetivo de enfrentar e solucionar questões relacionadas à infância, ao trabalho de menores e à delinqüência.[7] No período, desenvolveu-se uma legislação especificamente para a infância que possuía, como palavras de ordem, tanto a sua defesa como "gênese da sociedade" quanto o alerta para o perigo que se constatava diante da criminalidade e da marginalidade, passando as crianças a serem vistas como uma ameaça à ordem pública (Piloti & Rizzini, 1995). Com relação ao trabalho de menores, o assunto começou a ser disciplinado por Vargas em 1932 por meio do Decreto n° 22.024. Por meio desse decreto, impedia-se o trabalho para os menores de 14 anos e o permitia para aqueles com idade entre 12 e 14 anos que trabalhassem em estabelecimentos em que estivessem empregadas pessoas de uma só família e naqueles de ensino profissional ou de caráter beneficente.

Com essas medidas, as diretrizes governamentais no combate à delinqüência visavam fomentar a rede filantrópica, via subsídios, para a criação de entidades para prevenir e capacitar os menores para o trabalho, entidades que se propusessem a educar e a "regenerar" o menor proletário. Transformar os jovens em futuros trabalhadores da nação era o objetivo a atingir com as entidades e com as práticas filantrópicas. Preparar os jovens para o mercado de trabalho era o fim almejado, e havia nesse objetivo mais um sentido político-ideológico do que a preocupação efetiva com a qualificação para o trabalho, pois o mercado, tanto o agrícola quanto o industrial, pedia grandes contingentes de trabalhadores baratos e não-qualificados, porém dóceis (Rizzini, 2000).

Para o segmento social dos "jornaleiros" e em sintonia com a política social e assistencial para os "menores proletários", foi inaugurada em 1940, no Rio de Janeiro, a Casa do Pequeno Jornaleiro da Fundação Darcy Vargas.

---

7 Sobre a legislação e as políticas sociais para a infância, ver Pilotti & Rizzini (1995) e Rizzini (2000a). Sobre crianças e trabalho e questões relacionadas ao trabalho infantil e às políticas sociais, ver Del Priore (1999).

Como são próprios dos grandes acontecimentos os atos inaugurais, a criação da entidade adquiriu visibilidade na imprensa por intermédio de notas informativas e pela reprodução de imagens fotográficas como as apresentadas a seguir.

Figura 4 – Inauguração da Casa do Pequeno Jornaleiro (*Revista Nação Brasileira*, 1940).

Em outubro de 1940, a *Revista Nação Brasileira* publicou a fotografia da inauguração da Fundação Darcy Vargas em uma página dedicada às "solenidades do mês de setembro". A única forma de expressão verbal que acompanha a imagem é a identificação: "flagrante da inauguração da Casa do Pequeno Jornaleiro", com o objetivo nítido de fazer que a fotografia mostrasse, para o público leitor, como tinha sido o ato inaugural da instituição.

Na origem da fotografia está o "ato fotográfico", isto é, a ação do fotógrafo (Kossoy, 2001). Entre os atos e os gestos pontuaram a inauguração da instituição, o fotógrafo selecionou, para o registro da imagem, o momento em que a cruz da Fundação era levantada, enquanto os presentes esperavam e observavam. Se a fotografia traz

MULHER E POLÍTICA **99**

implícita essa operação fotográfica, a publicação da imagem também reporta a uma escolha. Das imagens captadas pelos fotógrafos no dia do acontecimento, os responsáveis pelo periódico selecionaram para reproduzir e fazer circular pelo corpo social aquela fotografia e não outra. Por essas razões, a imagem é bastante significativa do ponto de vista da comunicação.

Segundo Ivan Lima (1988, p.13), para o entendimento da linguagem fotográfica é necessário saber que existem dois tipos de usuários. O primeiro é o emissor, que utiliza a fotografia como forma de expressão e comunicação (o fotógrafo, o jornal, a revista, o museu, a galeria, o livro etc.); o segundo é o receptor, que utiliza a imagem produzida pela fotografia para ler e interpretar o fato, o acontecimento ou a obra que está diante de seus olhos. O emissor utiliza uma linguagem fotográfica para exprimir-se e o receptor faz uma leitura e uma interpretação da imagem produzida pela fotografia.

O caminho de leitura sugerido por Lima é sua decomposição em três fases: a percepção, "em que os olhos percebem as formas e as tonalidades dominantes sem as identificar"; a identificação, que se refere a uma "ação às vezes ótica, às vezes mental", em que o leitor identifica os componentes e registra mentalmente o seu conteúdo"; e, finalmente, a interpretação, que se define por uma ação puramente mental, etapa em que se manifestaria o caráter polissêmico da fotografia.

Na cena fotografada, no jogo das tonalidades, claras e escuras da imagem, destacam-se o nome da instituição e a cruz, a qual foi captada sendo levantada e no momento em que estava posicionada na direção da porta principal da entidade; o espaço está aberto e ocupado por pessoas.

Esse é o conteúdo da imagem por intermédio do qual a mensagem acerca da inauguração foi construída e narrada. Entre claros e escuros, a fotografia narra o momento em que a obra recebia a benção divina por intermédio de seu símbolo, a cruz, sugerindo, assim, que naquele lugar era erigida uma obra de Deus, uma instituição assistencial.

É necessário destacar que, na imagem e na legenda que a acompanhavam, a primeira-dama não foi o objeto-narrativo, e isso sugere que suas realizações falavam por ela ou, ainda, que aquilo que levava o seu nome a ela remetia e dizia respeito.

A ausência de informação acerca da presença da primeira-dama no acontecimento e o fato de que a presença masculina era em maior número do que a feminina são indicativos de uma participação desigual de homens e de mulheres que podem ser transformados em indícios importantes a respeito da obra inaugurada naquele momento.

Esses indícios adquirem contornos quando se acompanha o percurso institucional. Para criar a Fundação, Darcy Vargas buscou o apoio e associou-se aos homens. Inicialmente, em 1939, Darcy Vargas se associou a nomes expressivos da assistência social (Raphael Levy Miranda) e da política (Romero Estelita, em 1939, era ministro interino da Fazenda). Posteriormente, Elmano Cardim, do *Jornal do Commercio*, conde Pereira Carneiro ou Ernesto Pereira Carneiro, proprietário do *Jornal do Brasil*, e Herbert Moses, jornalista e presidente da Associação Brasileira de Imprensa, foram alguns dos nomes que compuseram o rol dos conselheiros da Fundação.

As atas da Fundação Darcy Vargas informam que, em 1941, nos primórdios do funcionamento da entidade, nomes expressivos da imprensa, da política e da intelectualidade participavam da Casa do Pequeno Jornaleiro. Além de Romero Estelita e Levy Miranda, que eram secretários, o Conselho Administrativo era composto por Herbert Moses, conde Pereira Carneiro, Elmano Cardim, Raul Borja Reis, Carlos Duprat, Álvaro Borghetti Teixeira, Rubens Campos Porto, Hildebrando de Góis, Álvaro Sodré, Haroldo Graça Couto, Rodolfo Fuchs, Átila Machado Soares, João Chrisostomo Peixoto, Jair Negrão de Lima, Rodrigo Octávio Filho, Julio Cappna, Ângelo Murgel, Eduardo V. Pederneiras, Paulo Felisberto Peixoto da Fonseca, Abel Ribeiro Filho e Joaquim Leandro da Motta.

Na Fundação, os conselheiros eram personagens de sustentação da obra assistencial. Na ata que aprovou o estatuto, em 1939, ficou estabelecido que a Fundação seria administrada por um Conselho Administrativo composto de "todas as pessoas naturais e jurídicas que fizerem donativos de valor superior a vinte contos de reis para a Fundação, ou que à mesma tenham prestado serviços relevantes"; por uma diretoria composta de doze membros, sendo um presidente de honra, perpétuo, um vice-presidente, dois secretários, dois tesoureiros e cinco diretores eleitos por prazo não superior a três anos".

MULHER E POLÍTICA 101

Na reunião que aprovou o estatuto, realizada sob a coordenação de Darcy Vargas, a qual foi declarada "presidente de honra em caráter de perpetuidade", foram indicados, pela presidente, os nomes de Romero Estelita, Raphael Levi Miranda, Funck Hime, Laerte Brígido como os primeiros conselheiros.

A participação dos proprietários e de representantes de jornais e de revistas na Casa do Pequeno Jornaleiro como conselheiros e a cláusula relativa às obrigações financeiras que sobre eles recaíam indicam que eles eram os principais financiadores da obra assistencial criada pela primeira-dama.

São reconhecidas as ligações de Vargas com a imprensa no período: as subvenções ao jornalismo, a censura, o controle das informações, a utilização da imprensa para a propaganda política. Um interesse comum aproximava o governo Vargas e a imprensa: a veiculação da notícia em jornais.

Os empresários da informação, ao financiarem a obra assistencial da Casa do Pequeno Jornaleiro, investiam na venda de jornais, visto que os jornaleiros eram os responsáveis por ela. Esse investimento representava o apoio e a retribuição desses empresários a Vargas.

Além da sustentação financeira dos empresários, a entidade também era financiada pelo Estado. Nos anos 1930, a tônica da relação do Estado com as entidades filantrópicas foi a subvenção financeira para a criação e a manutenção delas. Para regulamentar a subvenção às entidades filantrópicas, três foram as investidas de Getúlio Vargas. Inicialmente, era o próprio Vargas que fazia a distribuição de auxílios às organizações sociais, segundo seus próprios critérios e preferências, utilizando-se da "contribuição da caridade", cobrada na alfândega sobre a importação de bebidas alcoólicas e distribuída em cotas, por meio de um direito anual. Em 1931, Vargas criaria a Caixa de Subvenções (Decreto-Lei nº 20.351), utilizando o Ministério da Justiça como instituição mediadora, atribuindo ao ministro e aos funcionários a seleção e a fiscalização dos processos, já de acordo com algumas normas legais; e, finalmente, em 1938, o Conselho Nacional de Serviço Social (CNSS) (Decreto-Lei nº 525/1938) foi estruturado como um dos órgãos de cooperação do Ministério da Educação e Saúde, sob a coordenação de Gustavo Capanema.

102 IVANA GUILHERME SIMILI

Eram funções do Conselho: a) realizar inquéritos e pesquisas sobre as situações dos desajustes sociais, b) organizar o plano nacional de serviço social, c) sugerir ao governo as políticas sociais a serem desenvolvidas e d) opinar quanto à concessão de subvenções governamentais às entidades privadas (Mestriner, 2001, p.56-111).

Com a criação do CNSS, os pedidos de subvenções passavam pelo crivo daquele órgão que os examinava e emitia pareceres. A Fundação Darcy Vargas foi criada em 1938, no mesmo ano que o CNSS. O volume de trabalho naquele ano foi dimensionado por Mestriner (2001), segundo a qual um número considerável de pedidos – novos e de renovação – foi submetido a análise e parecer. No período de 5 de agosto a 11 de outubro de 1938, o Conselho examinou 352 processos e julgou 908, totalizando, no final daquele ano, 1.288. Analisaram-se 1.911 processos (1.272 aprovados, 238 indeferidos e 401 em diligência), com subvenções que iam de um mil réis a trinta mil réis, perfazendo um total de 15.449 mil réis. No Rio de Janeiro, 322 entidades estavam recebendo 2.340 mil réis (ibidem, p.63).

Desses dados, subtrai-se a informação de que, em 1938, a Fundação Darcy Vargas estava entre as 1.272 obras que passaram pelo crivo do CNSS para receber a subvenção estatal.

O aspecto financeiro das obras sociais é algo difícil de ser compreendido. Não há informação, nos documentos da Fundação, sobre o valor que a entidade recolhia mensalmente dos conselheiros e recebia do Estado. Com relação aos valores envolvidos no empreendimento, a única informação que ficou registrada na ata foi o custo para a edificação da Casa, estabelecido por ocasião da concorrência entre as empresas de construção em seiscentos e setenta e cinco mil réis, conforme ata de 30 de janeiro de 1939.

Maternalismo e filantropia na "casa" da primeira-dama

Em 12 de dezembro de 1939, foi aprovado o estatuto da Fundação Darcy Vargas - Casa do Pequeno Jornaleiro, composto de 28 artigos, distribuídos em dois capítulos, nos quais constam indícios que per-

MULHER E POLÍTICA 103

mitem acompanhar a casa idealizada pela primeira-dama e o projeto filantrópico desenhado pela e para a entidade.

No primeiro capítulo, "Da Fundação, sua sede, direção e fins", a apresentação da entidade é feita nesses termos:

Artigo 1º. A Fundação Darcy Vargas, instituída pela escritura pública de vinte e cinco de novembro de mil novecentos e trinta e oito, tem a sua sede no Distrito Federal; Artigo 2º. a Fundação não tem prazo para sua existência e de acordo com seus objetivos, possui caráter de perpetuidade.

A Fundação foi, portanto, criada para ter caráter de perpetuidade, com Darcy Vargas como "sua presidente de honra perpétua".

Na seqüência, o artigo 3º definia que:

A Fundação Darcy Vargas, dentro do sentido filantrópico com que foi instituída, destina-se não só a curar, amparar e educar a infância desvalida da cidade do Rio de Janeiro, como também promover o ensino profissionalizante de menores de ambos os sexos, com o objetivo de prepará-los moral e fisicamente para uma vida útil, modesta e feliz, devendo iniciar suas atividades com a criação e construção da Casa do Pequeno Jornaleiro, no terreno doado pelo governo Federal, à Rua do Livramento, número vinte e sete.

De acordo com o artigo 4º, a Casa do Pequeno Jornaleiro se destinava a:

amparar, educar e encaminhar os vendedores de jornais e outros menores de até dezoito anos de idade, cuja ocupação se exercita nas ruas, será construída e mantida pela Fundação, para morada dos beneficiários necessitados desse auxílio, proporcionando gratuitamente a estes, como aos demais menores, nela matriculados, assistência médica, educação pátria, religiosa, moral, básica e ensino profissional e assistência nos seus empregos, em colaboração com os Sindicatos Profissionais.

Os objetivos fixados são claros: a obra assistencial pretendia "amparar, educar e encaminhar" os vendedores de jornais, promovendo o ensino profissionalizante.

104 IVANA GUILHERME SIMILI

Para cumprir esses propósitos, a Casa foi construída com:

> restaurante para uso exclusivo de seus beneficiários, nela matriculados para fornecer-lhes alimentação higiênica a preços ínfimos, bem como fornecerá, da mesma maneira, peças de vestuário, calçado, roupa lavada e outras utilidades, incutindo-lhes hábitos de poupança, de economia e amor ao trabalho. (artigo 5°)

Ao disciplinar a utilização dos espaços e dos mecanismos de ingresso dos jornaleiros na Casa, previa-se que:

> A utilização da piscina, dos campos de recreio, biblioteca, auditório da Casa do Pequeno Jornaleiro, bem como o ingresso nas escolas de ensino básico e profissional serão reguladas em regulamentos baixados pela administração da Fundação.

Além dos serviços e dos benefícios oferecidos pela Casa aos menores, algumas possibilidades de incremento da obra foram deixadas em aberto. Ficou registrado que:

> Inaugurada a Casa do Pequeno Jornaleiro, passará a Fundação a promover a realização dos demais luxos sociais ideados pela Excelentíssima Senhora Dona Darcy Vargas, como suprir o Restaurante do Pequeno Trabalhador, a Cidade das Meninas e o Instituto da Fundação Darcy Vargas, para recolhimento e educação de crianças retardadas. (artigo 8°)

O estatuto deixava claro: alguns "luxos sociais" poderiam vir a ser incluídos na Casa pela presidente, desde que a cobertura dos gastos com esses luxos e com outras obras corresse às expensas da primeira-dama.

Ao estabelecer as diretrizes para a construção e para o funcionamento da entidade, o estatuto produz informações sobre as concepções da primeira-dama, a idealizadora, acerca daquilo que devia ser oferecido pela Fundação para o cumprimento dos objetivos de "amparar, educar e encaminhar" os pequenos jornaleiros. A entidade deveria ter um restaurante para a alimentação dos "beneficiários" que nela morassem, "piscina, campos de recreio, biblioteca" para uso deles e

MULHER E POLÍTICA 105

facultava-se à primeira-dama a possibilidade de inclusão de "luxos sociais", os quais, porventura incluídos, deviam correr às expensas de Darcy Vargas. Tudo cuidadosamente montado e organizado para "incutir hábitos de poupança e de amor ao trabalho". Quanto ao encaminhamento dos vendedores ao "ensino profissionalizante", tópico destacado no estatuto, o referido documento relata também o esquema montado, estipulando que:

> as aulas seriam ministradas das seis horas e trinta minutos às nove e trinta da manhã. O trabalho externo dos menores será feito em três horários: o primeiro, das seis horas da manhã às dez horas para atender a venda das folhas matutinas e mediante a solicitação individual de cada jornal interessado; o segundo, das dez horas às treze horas, para a venda das primeiras edições dos vespertinos; o terceiro, das quatro horas às vinte horas para a venda das edições finais. Na segunda-feira, dado o horário especial das edições dos vespertinos, haverá turnos de trabalho, das seis horas da manhã às treze horas e das quatorze horas às vinte horas, não havendo, neste dia, aulas na Casa do Pequeno Jornaleiro. No horário das dez horas ao meio-dia, poderão ser dadas aulas aos pequenos jornaleiros, cujo horário de trabalho não permita freqüentarem as aulas normais, no período matinal. (Ata da Fundação Darcy Vargas – Casa do Pequeno Jornaleiro, 12.9.1944)

O fragmento revela como o ensino formal e o trabalho se justapunham no cotidiano dos menores, a fim de promover a educação e o encaminhamento profissional.

No jogo dos horários e das regras da Casa, o documento intitulado "Relógio" é deveras expressivo:

> Cada menino, no dormitório, ao levantar-se deve fazer sua própria cama. Mais tarde, entretanto, há um encarregado, zelador, que aperfeiçoa esse trabalho com mais tempo que seus companheiros pela manhã cedo. Já muitos zeladores passaram por esse trabalho. Atualmente foi entregue esse serviço ao aluno 41, Joaquim Luiz Esteve, que merece muitos parabéns pelo capricho e esforço com que está desempenhando esse dever. Isso é muito bonito! Assim é que todos os demais devem tomar alguns trabalhos que lhes são confiados.

106   IVANA GUILHERME SIMILI

Do lado da Casa eram oferecidos abrigo e cama. Cuidar do que era oferecido era tarefa dos meninos, que eram incumbidos dessa responsabilidade, bem como premiados ao cumprirem satisfatoriamente a tarefa.

Pela leitura do estatuto e de outros documentos sobreviventes da Fundação Darcy Vargas, é possível vislumbrar o modelo de entidade que foi criado pela primeira-dama e as práticas que orientaram "o amparo, os cuidados, a educação e o encaminhamento profissional" dos jornaleiros que pela Fundação passaram.

Na divisão de tarefas e de competências entre os gêneros, era papel da mãe, como "guardiãs naturais do lar e da família", acompanhar o crescimento dos filhos, zelar pela moralidade e bons costumes, educá-los a fim de transformá-los em homens e mulheres disciplinados, obedientes, respeitosos, bem-comportados. Os indícios desses componentes educacionais e educativos estão presentes nos documentos legados pela Fundação, direcionando as ações.

Segundo Maria Luiza Marcílio (1998, p.215), o modelo filantrópico existente nos anos 1930 tinha "por escopo preparar o homem higiênico (capaz de viver bem nas grandes cidades, em boa forma e com boa saúde), formar o bom trabalhador, estruturar o cidadão normatizado e disciplinado". A utopia filantrópica almejava uma sociedade harmônica, estável, feliz. Os meios para alcançá-la passavam pela ética e pela educação. Incutir sentimentos de ordem, de respeito às normas, de estímulo à família, de amor ao trabalho estava no ideário do projeto filantrópico burguês; tudo fundado na melhor ciência e no culto do progresso ininterrupto.

Educar para o trabalho, transformar os jovens em trabalhadores fisicamente fortes, porém dóceis, disciplinados e bem-comportados, ressona das práticas instituídas pela Fundação com os horários regrando a vida e o cotidiano da casa, as premiações pelo bom-comportamento, as modalidades de lazer, tais como piscina e campos de recreio, para criar o "homem higiênico" (em boa forma e saudável).

Como, no entanto, a Casa idealizada e criada pela primeira-dama repercutiu no seus moradores, naqueles e para aqueles que nela viviam?

MULHER E POLÍTICA 107

Dos protagonistas: os jornaleiros e "Timoshenko"

Os principais protagonistas da história da Fundação Darcy Vargas-Casa do Pequeno Jornaleiro – durante o período em que foi presidida pela primeira-dama (1938-1968), particularmente entre 1938-1945 – foram os jornaleiros. Para eles, a entidade foi criada e, por isso, tornaram-se personagens que a movimentavam.

A reabilitação do sujeito na história tem trazido à tona a trajetória de pessoas comuns e, com ela, o conhecimento da maneira como concebem e agem no mundo. Nesse sentido, a afirmação de Carlo Ginzburg (1987, p.15) na apresentação que faz sobre a vida do moleiro Menocchio, uma personagem do século XVI, é esclarecedora em relação à direção que a história vem aos poucos tomando: "no passado, podiam-se acusar os historiadores de querer conhecer somente as 'gestas dos reis'. Hoje, obviamente, não é mais assim. Cada vez mais se interessam pelo que seus predecessores haviam ocultado, deixado de lado ou simplesmente ignorado".

Dos protagonistas da Casa do Pequeno Jornaleiro, as práticas de documentação instituídas na entidade permitem conhecer um pouco sobre a vida de seus primeiros moradores.

Foram localizados, nos arquivos da Fundação, dezoito "formulários individuais" preenchidos com informações sobre os meninos, relativos ao ano de 1941, indicando que os primeiros moradores ingressaram naquele ano. Esses "formulários individuais" foram organizados com cinco tópicos: identificação, família, condições de higiene e saúde, instrução-aptidão-temperamento e trabalho

• Identificação: nome do menino; nome da mãe; nome do pai; estado civil dos pais; nacionalidade e Estado; idade; local de nascimento; cor da pele, dos olhos e dos cabelos; tipo de cabelo; forma do rosto, da boca e do nariz; condições dentárias; sinais particulares; e defeitos físicos.

• Família: quantidade de irmãos vivos; ocupação e salário do pai;

• Condições de higiene e conforto: Onde mora?; A casa é assoalhada?; É coberta de telhas?; Dorme em cama?; Quais moléstias já teve?; Se a mãe é falecida, de que morreu?; Se o pai é falecido, de que morreu?;

108 IVANA GUILHERME SIMILI

Onde almoça?; Onde janta?; Qual é a despesa com alimentação?; Concorre com a manutenção da família?; Com quanto?

• Instrução-aptidão-temperamento: grau de instrução; Onde estudou?; O que desejava ser? Qual ofício desejava aprender?; Gosta de ler? Gosta de música? Gosta de esportes e qual prefere? Vai ao cinema freqüentemente? Qual o cinema freqüenta? Tem temperamento expansivo? Qual a religião que adota? O que faz nas horas vagas?

• Trabalho: Em que ponto vende jornais? É ambulante? Em que horas trabalha? Quantas horas trabalha por dia? Quanto ganha por folha?

• Qual a féria diária? Há quanto tempo é jornaleiro? Dorme na rua?

Na ficha, um campo para "observações" era deixado para as anotações complementares.

É visível, na organização dos formulários, a influência do serviço social com suas práticas de "inquéritos" pessoais para produzir informação e prestar assistência social.[8] Era preciso saber sobre os menores para intervir sobre e na vida deles. A relação saber/poder/conhecimento instala-se entre a entidade e os menores. Saber que produz conhecimentos; conhecimentos que produzem saber e poder (Foucault, 1985).

Todos os "formulários" foram preenchidos à máquina. Como documentos preenchidos com base nas informações prestadas pelos meninos para produzir informação, neles repousa o olhar de quem examinava os menores, visto que muitas das perguntas sugerem que podiam ser respondidas com base na observação direta (principalmente aquelas relativas à aparência).

Nesse ponto, a lembrança de Ginzburg (1987, p.21) é pertinente: "não é preciso exagerar quando se fala em filtros intermediários deformadores. O fato de uma fonte não ser 'objetiva' (mas nem um inventário é 'objetivo') não significa que seja inutilizável".

---

8 Um dos aspectos salientados e/ou tangenciados nos estudos sobre serviço social e assistência social refere-se às práticas de conhecimento criadas pelas instituições assistenciais para a intervenção na problemática social. Para aprofundar questões relativas ao assunto, ver Faleiros (1985) e Loschi (1985).

MULHER E POLÍTICA 109

Apesar de os olhares dos examinadores estarem presentes nas fichas, filtrando e manipulando as informações com base naquilo que foi registrado para os menores, foi possível conhecer, ainda que de forma parcial e incompleta, um pouco a respeito da vida desses meninos. Os dezoito meninos que ingressaram na Casa em 1941 possuíam entre 12 e 17 anos. Quanto à trajetória pessoal, dez eram órfãos de pai, e os pais dos demais trabalhavam como marceneiro, pintor, agricultor, alfaiate, peixeiro. Nove deles não responderam sobre o local onde almoçavam e jantavam. Os demais responderam "em casa" e em locais que serviam refeição. Oito meninos disseram dormir na rua, os demais dormiam em casa ou não responderam à pergunta. Uma pergunta pouco respondida foi sobre a renda familiar, sobre os rendimentos como jornaleiro e a participação da renda na manutenção familiar. Para a maioria foi registrado "ignorado". O único que prestou essa informação disse que ganhava "3$000 em média diária" e "30$000 semanais", valores que serviam para auxiliar a família. Quanto aos locais onde trabalhavam como vendedores de jornais, informaram ser na Esplanada do Castelo, na Avenida Rio Branco, na Rua Larga, no Largo Santa Rita, na Praça Mauá, na Rua do Ouvidor, na Galeria Cruzeiro, na Avenida Passos, na esquina com a Rua Senhor dos Passos e na esquina da Rua da Quitanda com São Pedro. Quatro deles disseram trabalhar na Avenida Rio Branco e dois na Rua Larga. Ganhavam por jornal vendido entre "30 e 40 réis".

Quanto a "instrução-aptidão-temperamento", quinze meninos informaram que tinham "instrução primária", e um afirmou ser "analfabeto". Sobre o "que desejava ser", cinco deles disseram "mecânico"; quatro, "motorista"; um não respondeu; e os demais disseram: "mecânico e músico", "da marinha", "funcionário público", "aviador", "carpinteiro", "alfaiate". O esporte preferido era o "futebol". Os que afirmaram freqüentar o cinema disseram que iam "ao popular", os que declararam a religião disseram ser "católicos" e aqueles que gostavam de ler liam "histórias", "aventuras".

Se, por meio dos formulários, os rastros deixados pelos jornaleiros permitem uma aproximação com o universo de suas vidas – as origens e os sonhos acalentados pelos meninos quando ingressavam na Casa –, o quadro completa-se com "Timoshenko".

"Timoshenko" era o apelido de um menino de doze anos que morava na Casa do Pequeno Jornaleiro de Darcy Vargas quando virou notícia na revista *Sombra* (Ashlin, 1943). Segundo afirmava, o apelido fora-lhe dado um dia pelos próprios fregueses que o ouviram tão entusiasticamente gritar "Timoshenko – o herói da frente russa". Vendia jornais na região central do Rio de Janeiro. Tinha freguesia assídua junto ao Edifício Hollerith. Quando questionado: "Você realmente lê os jornais que vende?", teria respondido com um sorriso: "Eu passo os olhos na primeira página, fico sabendo o principal, daí eu grito aquilo que possa interessar ao pessoal". Quanto ao dia que teria ganhado mais dinheiro, respondeu que tinha sido o dia do ingresso do Brasil na Segunda Guerra Mundial: "Eu quase fiquei rico".

Para o garoto Timoshenko, o dia mais feliz de sua vida tinha sido quando entrou na Casa do Pequeno Jornaleiro: "Não é só o meu dia mais feliz, mas de muitos outros que viviam por aí dormindo na sarjeta, túneis, bancos, calçadas, sem comida, sem roupa, sem nada. Eu ainda tinha mãe – mas muitos outros não tinham nada".

Timoshenko havia ingressado na Casa no início de 1941, destacando que:

> A Casa fica na Rua do Livramento; é muito grande e muito boa. Nós temos roupa, comida, estudos de graça e nos domingos tomamos banho de piscina e jogamos *football*. Levantamos às cinco horas toda a manhã, fazemos ginástica e depois estudamos até às dez horas. Em seguida, vamos para a oficina onde aprendemos o ofício que mais nos agrada. Todo o tempo é dividido em turmas. Eu saio para a rua às duas horas para vender a edição final e só volto para a hora do jantar, às sete e meia.

Também afirmava estar aprendendo um ofício: "Meu ofício é de marceneiro – mais tarde eu quero abrir uma loja de móveis, e para isso eu estou juntando o meu dinheiro".

Além do aprendizado de um ofício, havia a ajuda financeira recebida pelos jornaleiros: "Dona Darcy Vargas dá Cr$ 5,00 para cada um que entra para a Casa... depois a gente vai juntando. Uma vez veio aí um americano alto, simpático chamado 'Rocafela', e ele deu Cr$ 100,00 para cada um de nós. Eu agora já tenho Cr$ 1.200,00 na Caixa".

MULHER E POLÍTICA 111

A entrevista terminava com esta pergunta: "Você acha, Timoshenko, que Dona Darcy teve uma boa idéia de instalar a Casa do Pequeno Jornaleiro?". "É claro, ela é uma senhora muito bondosa, sempre está fazendo caridade e se interessando pelos pobres. Todos nós gostamos muito dela", finalizava o garoto.

A publicação da entrevista com Timoshenko, na revista *Sombra*, não deixa dúvida: tratava-se de propaganda para valorizar e promover no espaço público, a imagem da Casa do Pequeno Jornaleiro e da primeira-dama, para mostrar o que a esposa de Vargas e sua instituição estavam fazendo para os jornaleiros e o que os empresários da imprensa e o governante realizavam no âmbito assistencial pelos menores-vendedores de jornais.

Segundo Foucault (1985, p.19), a grande importância estratégica que as relações disciplinares de poder desempenham nas sociedades modernas depois do século XIX vem justamente do fato de elas não serem negativas, mas positivas, quando tiramos desses termos qualquer juízo de valor moral ou político e pensamos unicamente na tecnologia empregada. Desse modo, surgiria uma das teses fundamentais da genealogia: o poder é produtor de individualidade. O indivíduo tornar-se-ia uma produção do poder e do saber.

No depoimento de Timoshenko, é possível captar a ação das tecnologias e práticas disciplinares sob as quais as políticas sociais e assistenciais estavam montadas, pois elas atuavam sobre o indivíduo e levavam-no a construir novas representações sobre trabalho, dinheiro e vida. Ao mencionar os benefícios, Timoshenko relata a introjeção da subjetividade do trabalho garantida pelo formato da disciplina na Casa do Pequeno Jornaleiro: horários regrados, trabalho remunerado, incorporação de valores de economia e de poupança, e motivação para o aprendizado de um ofício.

Se, de um lado, esse aspecto está implícito na voz de Timoshenko, como um menor que foi submetido a uma instituição filantrópica e disciplinar, de outro, é possível identificar, na sua narrativa, o significado que ele atribuía à obra social da primeira-dama e como ele via Darcy Vargas: "uma mãe bondosa". Conforme observado, a matéria foi produzida com fins propagandísticos e políticos, no entanto não há como não considerar os "efeitos de verdade" naquilo que Timoshenko disse, porque o que ele asseverou fazia parte do universo das representações sociais compartilhadas pelos sujeitos. Da parte de Darcy Vargas, ao criar e administrar a Casa dos Jornaleiros, o que ela evidencia, na prática, é que ela acreditava naquilo que realizava, na importância que a obra tinha na vida e no futuro dos garotos; da parte deles, eles correspondiam ao que ela fazia, atribuindo importância à obra social na sua vida, avaliada no que se refere a mudanças e qualidades: os ganhos e as perdas.

Darcy Vargas, ao montar uma Casa com piscina, áreas de lazer, estudo, que fornecia alimentação, roupa e cama limpa, que incentivava os estudos e a profissionalização dos menores, norteava-se pela preocupação em proporcionar as condições para a melhoria da situação de vida de muitos jornaleiros sem família, bem como daqueles que as tinham, mas não conseguiam ser totalmente mantidos por elas ou delas não conseguiam receber a educação necessária. Havia, portanto, uma preocupação com a promoção social dos sujeitos.

Na análise da Cruzada Pró-Infância, de Pérola Byington, Maria Lúcia Mott (2001) alertou para o aspecto da promoção social presente nas obras sociais do período de 1930 a 1945. Segundo essa autora, as primeiras instituições filantrópicas criadas pelas mulheres nas décadas do século XX eram diferentes daquelas de meados do século XIX. Enquanto as primeiras tinham sido organizadas e administradas por religiosos, com o propósito de levar conforto material e espiritual imediato para os necessitados, sobretudo por meio de doações, tendo, portanto, pouco contato com os assistidos, as novas associações foram fundadas e dirigidas por mulheres, provenientes de uma ou de várias denominações religiosas. As sócias trabalhavam junto aos beneficiados e tinham por objetivo não só ajudar com doações, mas também proporcionar meios para que eles saíssem da situação de necessidade, ou seja, preocupavam-se com a promoção social.

Uma relação entre as ações da primeira-dama na Fundação Darcy Vargas e a promoção social dos menores é possível de ser feita. Não era a caridade o objetivo da primeira-dama, e sim permitir que os jornaleiros tivessem, ainda que no futuro, um trabalho e um meio que lhes garantissem uma sobrevivência melhor.

MULHER E POLÍTICA 113

A importância e o valor que o trabalho feminino de mulheres envolvidas com as atividades filantrópicas representou para as mães, as crianças e as famílias com dificuldades para manter seus filhos (atividades estas concebidas pelos homens como adequadas a elas e que, por muito tempo, justamente por esse olhar masculino, foram depreciadas, concebidas como "coisa de mulher que não tinha nada melhor o que fazer") permitem vislumbrar o percurso de Darcy e de sua entidade.

Uma "cidade para as meninas" abandonada

Segundo Philippe Levillain (1996, p.160), um problema de difícil solução concerne às relações entre o indivíduo e a história, que pode ser equacionado pensando-se em termos das condições de aparecimento do protagonista ou de efeitos de sua ação sobre uma realidade social.

Os efeitos da ação de Darcy Vargas sobre a realidade social do Rio de Janeiro, no que tangia às questões relativas aos pequenos jornaleiros, são perceptíveis por intermédio da Fundação Darcy Vargas-Casa do Pequeno Jornaleiro, uma obra social que frutificou no campo assistencial. Dos projetos desenvolvidos pela entidade no período de 1938 a 1945, o único que deixou registro sobre outras ações perpetradas pela entidade e por sua presidente foi a proposta de construção de uma Cidade das Meninas, para "educar e preparar as meninas, mediante ensino técnico profissional segundo as práticas da pedagogia moderna em grupos-lares e escolas especializadas".

As atas da Fundação Darcy Vargas demonstram que a criação da Cidade das Meninas foi arquitetada em parceria com o projeto de construção da Casa do Pequeno Jornaleiro, em 1939. Sobre seu desenrolar, foi localizado um dossiê intitulado "Sumário do Diário da Cidade das Meninas" em papel timbrado com os dizeres "Fundação Darcy Vargas-Obras da Cidade das Meninas", composto por um Diário, organizado com relatos diários sobre os passos da construção compreendendo o período de novembro de 1941 a junho de 1943; um relatório manuscrito assinado por João Kelly da Cunha de 14.8.1945 e um ofício dirigido ao presidente da República.

114 IVANA GUILHERME SIMILI

Por intermédio dessa documentação, é possível acompanhar as ações da primeira-dama na concretização do projeto filantrópico-assistencial e as razões do fracasso do empreendimento, sugerindo, ademais, que Darcy Vargas se deu melhor com os "meninos-jornaleiros" do que com as "meninas-desamparadas".

A Cidade das Meninas foi construída na Fazenda São João, na região de Nova Iguaçu, em terreno cedido pelo governo federal. Tal como ocorria com as obras filantrópicas, cujo cerne era o atendimento à população pobre, a Cidade foi planejada para ser construída em uma região carente de infra-estrutura da capital carioca e, por isso, apresentava vários problemas relacionados à urbanização.

Os teores dos problemas de infra-estrutura apresentados pela região e as estratégias desenvolvidas por Darcy Vargas para contorná-los podem ser vislumbrados nestes fragmentos do Diário:

12.12.41: Atendendo o que lhe fora solicitado pela Exma. Sra. D. Darcy, o Dr. Hildebrando de Góis, nos encaminhou um caminhão-pipa, para proceder o abastecimento de água para os nossos operários e obras.

02.01.42: Devido às chuvas torrenciais destas últimas 24 horas, a estrada em construção ficou em estado deplorável, o que nos obrigou a retardar o início dos serviços, neste primeiro dia útil do ano. Foi necessária a ajuda dos tratores do D.N.E.R. para só conseguirmos transpor a estrada depois das 7,45 horas.

03.01.42: A Exma. Sra. D. Darcy, de passagem para Petrópolis, não conseguiu transpor a estrada e por isso não visitou as obras.

13.01.42: Chegaram hoje, transportadas por caminhões do Serviço Florestal as primeiras mudas de plantas de arborização".

12.02.42: Ainda cedo, tivemos a visita do Dr. Pederneiras. Por volta das 11 aqui chegou D. Darcy, acompanhada dos Drs. Hildebrando de Góis, Amarante e Aragão, respectivamente diretor do DNOS, Inspetoria de Águas e Light.

16.02.42. Chegada dos primeiros canos para instalação de água e visita do Dr. Haroldo.

Os problemas e as ações da presidente são comunicados nos excertos: a falta de água, de asfalto e de saneamento fez que Darcy

MULHER E POLÍTICA 115

acionasse seus conhecimentos e relacionamentos com os homens e órgãos públicos para solucionar os problemas apresentados pela região.

"Caminhões-pipas" para suprir a falta de água foram conseguidos com Hildebrando de Góis, consertaram-se os estragos causados pela chuva nas estradas com os "tratores do DNER" e a falta de arborização foi corrigida com as plantas do Serviço Florestal.

Se, nessas ações da primeira-dama, estão implícitas a utilização da administração pública ou a troca de influências, o quadro completa-se com esta descrição:

> Recebemos 500 sacos de cimento doados pela Exma. Sra. Darcy que foram transportados por um caminhão da Polícia Militar e do Instituto do Açúcar e do Álcool. Recebemos pelo caminhão da Polícia Militar os primeiros gêneros e utensílios para o restaurante, os quais foram pessoalmente conferidos por D. Darcy, que aqui chegou precisamente na hora da descarga.

É nítido: Darcy Vargas manejava órgãos e recursos da máquina administrativa e pública para a filantropia.

Associado a esse aspecto, existe um outro que o Diário da obra permitiu observar: sua dimensão. Dois anos após o início da construção, no final de dezembro de 1941, estavam delimitados os locais para a construção dos três pavimentos. Junta-se a isso o fato de que, em julho de 1942, havia 150 operários trabalhando na construção da Casa das Meninas e na marcação do lugar onde seria levantado o 15° pavilhão. Esses dados podem ser considerados portadores de dimensões que dotam a obra de tamanho considerável, rapidamente construída no cenário a ela destinado.

Os registros do Diário deixaram de ser feitos em julho de 1943. Em abril de 1943, a construção da Cidade das Meninas recebeu a primeira e única visita feita por Getúlio Vargas, assim registrada: "o Exmo. Sr. Presidente da República acompanhado pelos Drs. Hildebrando de Góis, Uyedo Fiusa, General Firmo Freire, Comandante Amaral Peixoto e outras autoridades, visitaram demoradamente estas obras".

É importante lembrar que em 1943 a vida da presidente da Fundação Darcy Vargas transformou-se em razão da morte do filho, Getulinho,

116 IVANA GUILHERME SIMILI

em fevereiro de 1943, e cujo comportamento assumido foi o afastamento de suas atividades da Legião Brasileira de Assistência por alguns meses, instituição que vinha presidindo desde agosto de 1942.

Reunidos os vários indícios, a visita de Getúlio Vargas ao empreendimento, justamente quando Darcy vivenciava o luto da morte do filho, associado ao fato de o governante não ser uma personagem que aparecia para participar e apoiar publicamente a esposa nas suas realizações (e se o fazia era nos bastidores da política), a presença dele nas obras da Casa das Meninas expressaria uma mudança no seu comportamento com relação às atividades da esposa, uma mera visita ou anunciaria a existência de algum problema?

Os registros constantes na ata da Fundação, no dia 22 de março de 1944, portanto, após o retorno da primeira-dama ao cotidiano do trabalho, sugerem que a construção da Casa das Meninas teve continuidade. Diz o documento "A cidade das meninas, cuja construção monumental prossegue [...] bem como o Restaurante do Pequeno Trabalhador, já completamente pronto e a Casa do Pequeno Agricultor, em Jacarepaguá, ainda em projeto nos terrenos doados pelo nosso digno confrade Joaquim Leandro da Mota".

Esses registros permitem pensar que a Fundação desenvolvia vários projetos concomitantes. Como nessa época a Fundação e a Legião Brasileira de Assistência eram entidades administradas pela primeira-dama e subsidiadas com arrecadação de fundos via donativos e dinheiro público, proveniente do governo, pode-se conjecturar que a falta de planejamento financeiro e o esgotamento dos recursos provenientes dos dois setores tenham levado o projeto da Casa das Meninas ao fracasso.

Essa hipótese parece plausível, porque alguns anos depois, em 1947, Darcy Vargas, em nome da Fundação Darcy Vargas, endereça ofício ao presidente da República, Eurico Gaspar Dutra, devolvendo o terreno cedido para a construção da Cidade das Meninas ao Estado, explicando que:

> Estão totalmente exauridos os meios de que dispunha a Fundação, não lhe sendo possível prosseguir no empreendimento, pois, embora recorrendo a campanhas e coletas públicas, talvez se pudesse obter o necessário

MULHER E POLÍTICA 117

para a terminação dos edifícios, difícil e quiçá impossível seria, na presente conjuntura econômica, manter a obra em pleno funcionamento, dentro dos justos moldes sonhados por sua idealizadora.

A presidente justifica o ato de devolução do terreno por falta de recursos financeiros para a continuidade do empreendimento assistencial, salientando que, se recorresse às campanhas e outras formas de coleta, poderia finalizá-la, mas que não conseguiria, naquele momento, angariar o dinheiro necessário para a finalização da obra. Exposto o argumento principal, a presidente pedia:

A Fundação, todavia, permite-se fazer um apêlo a V. Excia. no sentido de que não altere a finalidade social da obra, pois as construções efetuadas obedeceram aos mais rigidos dictames da moderna técnica do serviço social, visando a constituição de "pequenos lares" para abrigar meninas desamparadas, ministrando-lhes a educação indispensável e dando-lhes a formação profissional necessária à independência futura. Seria lamentável e doloroso que uma obra executada carinhosamente, com o concurso de tantos espíritos altruísticos e orientados pelo desejo único de servir à infância desamparada, fosse malbaratada pela ocupação inadequada por parte de funcionários civis ou militares, com a utilização dos edifícios para outros misteres.

O solicitado pela então ex-primeira-dama ao presidente Dutra é que os fins sociais da Cidade das Meninas não fossem alterados. Ela argumentava que seu planejamento havia sido orientado pelos "ditames da moderna técnica do serviço social", com o objetivo de construir "pequenos lares para meninas desamparadas".

Integra o dossiê "Cidade das Meninas" o relatório feito em 1945, por João Kelly da Cunha, médico da Companhia Carris de Força e Luz do Rio de Janeiro, em que este apontava para a "impossibilidade de o projeto ter continuidade por falta da clareza necessária quanto aos seus objetivos", sugerindo que estes pontos fossem resolvidos:

os fundamentos e objetivos a que se propõe realizar a patriótica e altruística instituição; da população infantil e sua organização como núcleo coletivo e educacional com relação ao terreno, aos fatores cívicos sociais, à higiene, à saúde e ao trabalho como centro de interesse; da administração de caráter

118 IVANA GUILHERME SIMILI

geral e técnica previamente estudada e enquadrada em organogramas de prática execução; dos serviços auxiliares compreendidos por obras de conservação, novas construções, saneamento, meios de condução e transporte de mercadorias e materiais, do aproveitamento do terreno sob o ponto de vista econômico e financeiro com as suas possibilidades produtivas em citricultura, horticultura, cultura de bananeira, avicultura, sericicultura, agricultura etc.; do serviço sanitário permanente com relação ao abastecimento de água potável, ao emprego das águas residuais e de esgotos à incineração do lixo e à profilaxia da malária, verminoses e outras doenças tropicais; da assistência médico-dentária, orientação técnica de alimentação, instalação de farmácia, laboratório e gabinete de pesquisas bio-químicas e radiológicas; dos ensinamentos a serem ministrados à coletividade infantil sob o ponto de vista do preparo intelectual, da técnica dos trabalhos manuais, do aprendizado das ocupações domésticas e dos serviços de pequenas culturas em escola de letras, em escola profissional, nos domicílios coletivos e em escola típica-rural; dos meios de vigilância e disciplina diurna e noturna.

Esses são alguns dos os vários tópicos destacados por João Kelly. Todos os itens por ele levantados estavam articulados e caminhavam paralelamente "à falta de recursos financeiros e de infra-estrutura", fatos consumados posteriormente com a entrega da obra para o Estado.

Se a primeira-dama argumenta, no ofício ao presidente Dutra, que os objetivos almejados com o projeto da Cidade das Meninas estavam claros, os tópicos para os quais João Kelly chamava a atenção, em 1945, afirmavam o contrário. Entretanto, o relatório prova as tentativas feitas pela presidente para detectar e tentar solucionar os problemas. Esse propósito aparece claramente na carta do médico que acompanha o relatório, em que sua resposta sugere o convite feito para ele assumir a direção do empreendimento: "aceitamos a incumbência nas seguintes condições", arrolando-as.

Os investimentos feitos por Darcy Vargas na Cidade das Meninas revelaram-se infrutíferos. Em 1947, com a devolução do empreendimento ao Estado, o projeto foi incorporado à Fundação Abrigo Cristo Redentor, de Levy Miranda, passando a ser denominado "Casa dos Meninos Darcy Vargas". Vale lembrar que Levy Miranda era um dos colaboradores da primeira-dama na Fundação.

MULHER E POLÍTICA 119

Do percurso de Darcy na administração da Fundação Darcy Vargas, destaca-se aquilo que ela fazia e era capaz de fazer para concretizar seus projetos, transformando-os em realidades e realizações sociais no espaço da cidade do Rio de Janeiro.

Darcy Vargas presidiu a Fundação 1938 até 1968, quando morreu. Depois de ser administrada pela primeira-dama, as mulheres da família Vargas se incumbiram de dar continuidade àquilo que foi construído por Darcy Vargas. Alzira Vargas do Amaral Peixoto substituiu a mãe até 1992, quando veio a falecer. Com sua morte, Edith Vargas, filha de Jandira, neta de Getúlio Vargas e de Darcy, passou a presidi-la e atualmente é ela quem responde pela Fundação.

No campo da memória organizada pela Fundação, as informações veiculadas indicam que "A Casa do Pequeno Trabalhador, Casa do Pequeno Lavrador e a Cidade das Meninas" representaram iniciativas não consolidadas no percurso institucional, mas que o objetivo da instituição, inicialmente voltado para o acolhimento, a formação e a orientação de meninos de 12 a 18 anos, foi sendo reconfigurado ao longo dos anos para adaptar-se às novas demandas da sociedade: "Assim a venda de jornal que era a atividade principal da Casa foi reduzida, devido às novas formas de distribuição de jornais e revistas por causa da maior ênfase dada hoje à educação formal e capacitação profissional".[9]

As modificações por que a Fundação passou colocam-se no tempo. Segundo o histórico da Fundação, orientando " jovens pobres desde 1940", a Casa do Pequeno Jornaleiro, "hoje, atuali-

---

9   Essas informações são veiculadas pela entidade e circulam nos meios de comunicação, como o site da Fundação Darcy Vargas (www.fdv.org.br/). Na sala de reuniões da Fundação, estão afixadas nas paredes as fotografias dos colaboradores institucionais que se envolveram com a obra social de Darcy Vargas: Berthe Grandmasson Salgado, Edmundo Bittencourt, Herbert Moses, Ernani de Amaral Peixoto, Elmano Cardim, Sávio de Almeida Gama, Álvaro Borgheti Teixeira, Adolpho Alencastro Guimarães, José Manuel Fernandes, Raphael Levy Miranda, Orlando Tomaso Gélio, Rodolpho Fuchs, Álvaro Sodré, Rodrigo Octávio Filho, Armando Amaral, conde Pereira Carneiro, Antonio Duarte Netto, José Ferraiolo Filho, Manoel Marinho Alves, Haroldo Lisboa Graça Couto, Abel Ribeiro Filho, Paulo Celso A. Moutinho, João Carlos Vital, José Joaquim Sá Freire Alvim, Gabriel Skinner, Romero C. Estelita e João Gonçalves de Carvalho.

zada", oferece um programa que complementa o horário escolar e preenche o dia inteiro dos meninos e das meninas que atende. Por meio de atividades e cursos, a Casa tem como propósito "tornar os jovens mais aptos para a vida em sociedade". Em 2001, trezentos jovens freqüentaram o programa. O público atendido pela entidade é composto por "meninos e meninas de 11 a 18 anos, moradores de bairros vizinhos à Casa e que estudam nas escolas municipais da redondeza". O objetivo do programa consiste em complementar a educação geral e formal desses jovens, capacitando-os para "formular um projeto pessoal para suas vidas que possibilite a eles participar do projeto coletivo de sociedade como cidadãos responsáveis". O referido programa operacionaliza-se pelo oferecimento de dois turnos (manhã e tarde), de forma que o jovem possa freqüentar a casa antes e depois do horário escolar. Os cursos e as atividades ocorrem num horário estabelecido, com freqüência obrigatória: alimentação (café da manhã, almoço, lanche e ceia); estudo dirigido diário como reforço ao trabalho da escola; curso de informática (terceirizado); prática de esportes, inclusive natação na piscina da instituição; ensino de artes plásticas e de ginástica rítmica desportiva; aula de música e de instrumentos de banda (a banda da Casa existe desde a criação da Fundação); aula de dança; ensino dirigido para a capacitação profissional nas áreas de mecânica de automóveis, reparos de eletrodomésticos, marcenaria, costura e modelagem industrial e jardinagem; assistência médico-odontológica; e horários educativos para discussão em grupo de assuntos de interesse dos jovens, com o propósito de incentivar uma postura digna e respeitosa de si e da coletividade. Como ler essas informações sobre o programa da Fundação Darcy Vargas-Casa do Pequeno Jornaleiro e não vislumbrar a sobrevivência daquilo que Darcy Vargas sonhou e conseguiu fazer? Pode-se dizer que o projeto desenhado por Darcy Vargas é o que ainda orienta o programa filantrópico-assistencial, apesar dos muitos anos decorridos.[10]

---

10   Juridicamente, a Fundação foi registrada em 1938 no Ministério Público do Estado do Rio de Janeiro – Curadoria das fundações da capital, sob o número 35; foi declarada entidade de utilidade pública federal pelo Decreto-Lei n° 431/81, de 28.12.1961; em 1974, Entidade Filantrópica (CMAS n° 224491/74). Está registrada no Conselho Municipal dos Direitos da Criança e Adolescente (Registro n° 02066/210) e no Conselho Municipal de Assistência Social (Registro n° 0215/99).

MULHER E POLÍTICA 121

Nas ações da primeira-dama, aspectos visíveis foram suas iniciativas para criar e manter as obras sociais (algumas condenáveis pela ética na política, tais como o uso da máquina administrativa e a troca de influências para obter a agilização nos serviços prestados). Outro aspecto associado foi o emprego de determinadas práticas para viabilizar a obtenção dos recursos financeiros necessários às obras, tais como a realização de festas beneficentes que, por sua vez, remete ao aspecto cultural pensado para a política da assistência social.

Joujoux e Balangandans para os pequenos jornaleiros e para as meninas

A organização de reuniões, chás e festas com fins beneficentes é traço marcante nas práticas filantrópicas desenvolvidas pelas mulheres. Historicamente, as relações sociais de gênero incentivaram a participação feminina nos meandros caritativos e filantrópicos, por causa das características tidas como "naturais" pelos homens nas mulheres, a propensão para a caridade, a bondade e o amor ao próximo, inerentes ao sexo feminino. Uma das razões para o incentivo masculino era o de que o envolvimento da mulher com a filantropia não significava o abandono da família, dos filhos, pois doavam o que tinham para dar "tempo livre" e "amor aos desamparados". Para os homens, ao praticarem a caridade, as mulheres exercitavam a capacidade de amar e de cuidar. Historicamente, a posição assumida pelo Estado no enfrentamento da questão social também foi elemento incentivador das festas beneficentes. Nesse sentido, vale recordar que a política do Estado nos anos 1930, com relação às problemáticas sociais, foi a de incentivar a rede filantrópica pela sociedade, com subsídios. Com essa prática, o governo, além de atribuir à sociedade a responsabilidade dos problemas sociais, compelia as entidades a acharem formas de angariar fundos na própria sociedade. Com isso, as festas eram incentivadas pelo Estado.

Também como decorrência dessas concepções, as reuniões e festas com fins beneficentes promovidas pelas mulheres eram vistas como fúteis e superficiais, ou seja, coisa de mulher rica que encontrava nesses eventos ocasião para a conversa, intriga e fofocas, enfim, "algo" tipicamente feminino.

122 IVANA GUILHERME SIMILI

Dessas concepções, emanam as óticas masculinas de interpretar a caridade e o trabalho filantrópico das mulheres. No entanto, é possível identificar nas festas beneficentes a importância delas para a sociabilidade feminina e para a promoção de atividades culturais.

A propósito o percurso de Darcy Vargas é esclarecedor. Desde sua chegada ao Rio de Janeiro em 1930, com Getúlio Vargas, as notícias veiculadas na imprensa, principalmente nos periódicos de grande circulação, informam a participação ativa da personagem em eventos sociais de cunho filantrópico, freqüentando reuniões, encontros e festas beneficentes.

O balanço realizado na revista *O Cruzeiro* para o período de novembro de 1930 a 1931, início da vida de Darcy Vargas no Rio de Janeiro, mostra a participação ativa da personagem em vários acontecimentos sociofilantrópicos e político-feministas. Ela participou, entre outros acontecimentos, da "festa das bonecas", "da exposição de trabalho da Pequena Cruzada", "da reunião das senhoras brasileiras", "da festa dos estudantes" e da "seção inaugural do Congresso Feminista".

Com base no noticiário acerca da atividade sociofilantrópica de Darcy Vargas, é possível afirmar que as reuniões e festas beneficentes foram fatores de sociabilidade importantes na sua trajetória, visto que, à medida que se envolvia com a filantropia e com a rede de senhoras que a promoviam, ela ia se integrando à cidade e às pessoas, cujos contatos a ajudavam a situar-se e a ampliar seus conhecimentos e seus horizontes pessoais.

Se Getúlio Vargas é reconhecidamente o presidente que mais promoveu festas cívicas com fins políticos, pode-se dizer que Darcy Vargas se transformou numa forte promotora de festas para a caridade. Na criação e na administração da Fundação Darcy Vargas-Casa do Pequeno Jornaleiro e da Cidade das Meninas, essa face tornou-se nítida. Para concretizar as obras assistenciais, Darcy se transformaria na promotora das festas beneficentes de grande porte, agitando a vida cultural carioca.

Orientada pelas notícias veiculadas na imprensa, é possível dizer que foi a partir de 1938, justamente quando a Fundação foi criada, que as "festas" ou "promoções" beneficentes ganharam força. Em nome da Casa do Pequeno Jornaleiro, foi patrocinado, na Quinta da Boa

MULHER E POLÍTICA 123

Vista, a "Noite de Debret". "Em benefício da *Cidade das Meninas* foi exibido em um dos cinemas do Rio, o desenho animado *Dumbo*, de Walt Disney". No mesmo período, na Urca, a renda do *show* do cantor mexicano José Mojica foi revertida para a mesma causa.

No patrocínio das festas, na exibição de filmes e na realização de *shows*, começa a ganhar nitidez a busca pela primeira-dama do apoio de empresários e suas adesões. Nomes expressivos de mulheres pertencentes ao universo da elite também passam a apoiar as causas de Darcy Vargas. Adalgisa Nery, escritora e poetisa, à época casada com Lourival Fontes, patrocinou a apresentação da peça teatral *A verdade de cada um*, de Pirandelo, para a Fundação Darcy Vargas-Casa do Pequeno Jornaleiro.

De todas as festas promovidas por Darcy Vargas com fins assistenciais, o espetáculo mais importante e que teve maior repercussão na imprensa, marcado pela participação maciça de artistas, empresários, políticos e membros da sociedade carioca, foi o *show Joujoux e Balangandans*, com duas apresentações, a primeira em 1939 e a segunda em 1941, ambas no Teatro Municipal do Rio de Janeiro.

A valorização do espetáculo pela imprensa pode ser dimensionada pelas matérias veiculadas nos jornais, principalmente nos periódicos. Exemplar nesse sentido é a revista *O Cruzeiro* que, além de publicar notícias sobre o espetáculo, produziu um encarte especial com todos os elementos de composição – trajetória do *show*, participantes, croquis, fotos da apresentação, entre outros.

O encarte revela, entre outros aspectos, que Darcy envolveu e buscou o apoio de nomes importantes do meio artístico para criar *Joujoux e Balangandans*. Henrique Pongetti, conhecido cronista da revista e cineasta, escreveu a peça em 1939 a qual foi adaptada e apresentada em 1941. Joaquim Rolla, proprietário do Cassino da Urca e famoso produtor de grandes espetáculos, foi o patrocinador da peça, que teve a direção de Luiz Peixoto, nome de destaque no universo cultural dos anos 1930 e 1940, como caricaturista, cenógrafo, teatrólogo, diretor de teatro e um dos mais bem-sucedidos letristas da música popular.

Mobilizaram-se também autores e intérpretes da música popular brasileira e nomes consagrados do mundo artístico. No espetáculo de 1941, aos antigos colaboradores do *show*, como Ary Barroso e Lamartine Babo,

124 IVANA GUILHERME SIMILI

juntam-se outros nomes, como o maestro Amaral Gurgel (Gaó), Nássara e Armando Marçal; Gilberto Trompowsky, Fernando Valentim, Santa Rosa, Souza Mendes e Júlio Senna, para compor o cenário das figurações; Maria Olenewa, Kiara Korte, Nini Theilade, Peggio Morse, Luiz Otavio e Yuko Lindemberg, na produção coreográfica; Baby Costa Mota, Julio Senna e Gilberto Trompowsky, na elaboração dos figurinos; e Elizabeth Arden e Fernando Barros, da Coty do Brasil, na maquiagem.

A letra da música composta por Lamartine Babo para o espetáculo *Joujoux e Balangandans*, promovido por Darcy Vargas, diz assim:

> Jou Jou, Jou Jou
> Que é meu Balangandan?
> Aqui estou eu
> Aí estás tu
> Minha Jou Joo
> Meu Balangandan
> Nós dois depois no sol do amor de manhã
> De braços dados, dois namorados
> Já sei
> Jou Jou
> Balangandan
> Seja em Paris ou nos Brasis
> Mesmo distantes somos constantes
> Tudo nos une, que coisa rara
> É amor, nada nos separa

Além da adesão e contribuição de artistas renomados como Lamartine Babo, que compôs a música-tema do espetáculo, merece destaque a contribuição de Cândido Portinari, com a produção do material usado no roteiro da apresentação (Figura 5).

Em 1941, aos artistas, escritores, músicos, cenógrafos, figurinistas, cantores, pintores e empresários que cederam seus trabalhos e nomes para a realização do espetáculo, em uma clara demonstração de apoio e adesão àquilo que Darcy Vargas fazia e objetivava, a participação de nomes importantes da elite social e política do Rio de Janeiro aconteceu por estarem presentes nos palcos e na platéia. A peça escrita por Henrique Pongetti foi encenada por homens e mulheres pertencentes à elite social e política do Rio de Janeiro que se dispuseram a doar seus poderes simbólicos e reais para o espetáculo. No palco e na platéia, a elite: uma festa da elite e para a elite, assim pode ser resumida a encenação levada para o palco do Teatro Municipal, em nome da caridade de Darcy Vargas.

Figura 5 – Material usado no roteiro da apresentação (Acervo Cândido Portinari, RJ).

Como um espetáculo dos ricos para os ricos em benefício dos pobres, uma leitura da peça indica, em seu formato, as influências do americanismo ou do estilo "hollywoodiano". Ela narrava a façanha dos Mota Durães, senhor e senhora, que se propuseram a protagonizar no palco uma viagem imaginária para diversos países, sendo cada um representado por estilos musicais que os identificavam e diferenciavam.

126 IVANA GUILHERME SIMILI

É possível que Walt Disney tenha servido de inspiração na elaboração do roteiro da peça. Em 1940, o filme *Alô amigos* foi um dos grandes sucessos de bilheteria. Um avião partia dos Estados Unidos com a missão de procurar novos amigos para o mundo de Disney, ou seja, encontrar companheiros latinos para os americanos. Em um pequeno avião, uma turma viajava por três dias, sobrevoando o Chile e a Argentina, até chegar ao Brasil em pleno Carnaval e encontrar Zé Carioca. As músicas *Aquarela do Brasil*, de Ari Barroso, e *Tico-tico no fubá*, de Zequinha de Abreu, serviram de trilha sonora para marcar o encontro, as conversas e peripécias de Donald, sua turma e Zé Carioca (Tota, 2000, p.136).

Em uma analogia à viagem imaginária de Disney, na peça *Joujoux e Balangandans* a viagem do casal Mota Durães começava pelos Estados Unidos. A alusão à política da boa vizinhança entre o Brasil e aquele país é feita por intermédio do navio da "Frota da Boa Vizinhança", que o casal tomou para iniciar a viagem.

É importante lembrar que em 1941, quando o espetáculo foi reapresentado, consolidava-se o processo de americanização do Brasil, capitaneada por Roosevelt com a criação do Oficce of the Coordinator of Inter-American Affairs, conhecido pela sigla OCIAA, que era dirigido por Nelson Rockfeller. Era incumbência do órgão difundir, entre os americanos, uma imagem positiva dos países latino-americanos, particularmente do Brasil, e convencer os brasileiros da amizade que unia os Estados Unidos e o Brasil (ibidem, p.93). Nesse processo, os meios de comunicação de massa tiveram papel fundamental na divulgação cultural de ambos os países. O rádio e o cinema foram poderosos instrumentos na cativação das mentes, das almas e dos comportamentos dos brasileiros.[11]

Deve-se destacar também que em 1941 estava em curso no cenário internacional a Segunda Guerra Mundial, e Getúlio Vargas aproximava-se dos Estados Unidos, a fim de estreitar os laços e a política da boa vizinhança.

---

11   Sobre a "política da boa vizinhança" e o processo de americanização da cultura brasileira, ver Moura, 1991, 1993) e Mota (1995).

A amizade, componente ideológico fundamental nessa política, foi um dos elementos explorados na peça. No quadro "Nova York", era retratado o encontro da família Durães com alguns americanos que terminam a noite em um *night club*, celebrando, assim, a amizade entre brasileiros e norte-americanos.

Na seqüência, no *night club*, brasileiros e americanos assistiam a um *show*, consumindo a cultura norte-americana traduzida pela alegoria dos grandes espetáculos das casas noturnas. Em "Excursionando", a família deixava a cidade de Nova York a bordo de um transatlântico para conhecer as belezas de "Cuba", "México" e "Argentina".

Quadros musicais compunham a excursão, com apresentação da rumba para designar a cultura cubana; *La paloma, Cielito lindo, Allá em el rancho grande, Jarabe tapatio*, para o México; e *La comparsita*, para a Argentina.

Na "Apoteose das três raças tristes", o retorno do casal Durães para o Brasil era alegorizado, compondo-o os quadros "Índios", "Portugueses" e "Negros". Prestava-se, dessa maneira, uma homenagem às três raças que estavam na origem do brasileiro. O maxixe e o samba foram as trilhas musicais incluídas na representação musical das raças.

O segundo ato, "De volta à terra", apresentava o retorno dos Durães ao Rio de Janeiro e era composto pelos quadros "Cidade de São Sebastião", "Cucumbyzinho", "Praia de Copacabana", "Desilusão de Don Juan", "Floresta da Tijuca", "Os leques", "O Baile da Ilha Fiscal", "Promenade", "Cassino da Urca", "I love you Joujoux", "O Jardim Encantado" e "Carnaval".

Ana Maria Mauad (1990, p.70-1) tece esses comentários acerca das festas de caridade nos anos 30:

> a caridade, uma das expressões do paternalismo para remediar a questão social, era concebida fundamentalmente como uma prática feminina. Portanto, abriu um espaço significativo na produção de uma imagem de classe dominante que associava ao luxo da futilidade o comportamento social [...] Associando luxo à pobreza, nas festas de caridade dois mundos incomunicáveis: o rico se diverte para que a pobreza continue a existir.

Na peça *Joujoux e Balangandans*, como espetáculo estratégico para as obras assistenciais de uma primeira-dama, o qual contou com a contribuição de segmentos da elite social e política, são nítidas as influências da americanização da cultura brasileira e do nacionalismo brasileiro no roteiro e formato da apresentação. Os valores sociais e culturais comungados pela elite foram espetacularizados em benefício das crianças de Darcy Vargas.

Nesse sentido, torna-se evidente que houve o deslocamento das influências da política cultural de Vargas e do poder político do governante para a primeira-dama, a fim de que expoentes de diversos segmentos da elite cultural, social e política dos anos 1940, na capital carioca, contribuíssem para um espetáculo que tinha como meta a reversão da verba obtida para a filantropia[12].

Como uma via de mão dupla, o espetáculo expressa também o trabalho de Darcy Vargas como promotora cultural, que em nome da filantropia organiza e aglutina em torno de si e da assistência social nomes expressivos do universo artístico-cultural e político da época.

No que tange às pessoas que participaram do espetáculo, a adesão delas expõe o poder de mobilização detido pelas ações sociais da primeira-dama no espaço público da filantropia. Ao mobilizar nomes expressivos do mundo cultural – empresários culturais, artistas de várias órbitas, compositores, cantores, músicos, cenógrafos, dançarinos –, o nome e as ações sociais da primeira-dama revelam-se aderidos às representações sociais e demonstram Darcy como uma representante importante do poder, cujas participações no acontecimento colabo-

---

12 Para aprofundar questões aqui levantadas sobre a política cultural nos anos 30 e 40 destacam-se os estudos de Sérgio Miceli. A política cultural. In: Pandolfi, Dulce (org.) *Repensando o Estado Novo*. RJ: FGV, 1999, p.191-196. No texto, o autor retoma problemáticas relativas à política cultura, abordada também no seu estudo sobre a produção de Cândido Portinari. Para conhecer o pintor aqui enfocado, ver, do mesmo autor, *Imagens negociadas*: retratos da elite brasileira (1920-1940). São Paulo: Companhia das Letras, 1996. Sobre música, aspecto cultural a que o espetáculo *Joujoux e Balangandans* reporta, ver, dentre outros: Wasserman, Maria Clara; Napolitano, Marcos. "Desde que o samba é samba. A questão das origens no debate historiográfico sobre a música popular brasileira". *Revista Brasileira de História*, n. 39, ago.99/jul.2002, p.167-190.

MULHER E POLÍTICA 129

ravam para projetar-se no espaço público, formando, para a opinião pública, a imagem de uma mulher de trabalho pela caridade.

O poder de mobilização de Darcy Vargas e o trabalho por ela desenvolvido para conseguir realizar suas obras sociais são aspectos depreendidos a partir das ações culturais, aspectos estes que se revelaram importantes em 1942, quando o Brasil ingressou na Segunda Guerra Mundial e foi criada a Legião Brasileira de Assistência, a primeira instituição pública assistencial.

Com a LBA, pretendia-se em particular a mobilização feminina para o enfrentamento dos problemas sociais gerados pela participação do país no conflito mundial. Na transformação de Darcy Vargas em personalidade político-assistencial, como presidente e responsável pela mobilização das mulheres, está embutido o poder detido pela primeira-dama de conseguir a adesão das pessoas em torno de seus projetos.

O poder de mobilização da personagem e a produção de um modelo de atuação para o homem público são os assuntos do próximo capítulo.

3
A PRIMEIRA-DAMA, A LEGIÃO BRASILEIRA DE ASSISTÊNCIA E AS MULHERES NA SEGUNDA GUERRA MUNDIAL

Às iniciativas de Darcy Vargas – a organização da Legião da Caridade e da Fundação Darcy Vargas – somou-se, em sua trajetória, em 1942, a criação da Legião Brasileira de Assistência (LBA), a primeira instituição pública de assistência social.

Em agosto de 1942, Getúlio Vargas declarou o ingresso do Brasil na Segunda Guerra Mundial. Ação paralela da esposa e primeira-dama Darcy Vargas foi a criação da Legião Brasileira de Assistência, com o objetivo de "amparar os soldados convocados para a guerra e seus familiares".

A Legião Brasileira de Assistência permaneceria no cenário assistencial brasileiro até 1995, quando foi extinta pelo governo Fernando Henrique Cardoso e substituída pelo programa Comunidade Solidária.

Durante a trajetória da LBA, a instituição foi o principal órgão estatal no enfrentamento da pobreza brasileira. "Mãe da pobreza, lar do carente, socorro dos aflitos" foram as imagens populares associadas à Legião Brasileira de Assistência no Brasil, durante seu período de existência (Sposati & Falcão, 1989, p.9).

Darcy Vargas e a Legião Brasileira de Assistência possibilitaram o surgimento de um modelo de atuação para o primeiro-damismo brasileiro, nas cercanias do poder presidencial, como a mulher responsável pela condução das políticas públicas. Durante o período de existência

132 IVANA GUILHERME SIMILI

da LBA, todas as esposas dos presidentes da República ocuparam a presidência da instituição e responderam pela área social do governo. Mesmo em 1995, com a extinção da LBA e a instituição do Programa Comunidade Solidária,[1] a assistência social continuou em muitos aspectos sob a condução das esposas dos governantes.

Darcy Vargas foi a primeira esposa de presidente a se tornar responsável pela condução das políticas públicas do Estado no que tange a área social, fato este inexistente até então na história político-assistencial brasileira. No que se refere ao pionerismo, ela foi a primeira esposa a participar da política na vertente assistencial.

A participação de Darcy Vargas na Legião da Brasileira de Assistência pode ser vislumbrada também como um importante marco na história das mulheres, no âmbito da política, tendo em vista tratar-se do primeiro momento em que uma mulher passou a ocupar um cargo de direção na política social, em um contexto social no qual a atuação e a participação das mulheres na política sofriam vários reveses. Acerca dessa afirmação, vale lembrar que, em 1937, com a implantação da ditadura do Estado Novo, a participação das mulheres na política viu-se minada (Alves, 1980; Toscano & Tabak,1982).

Embora a historiografia sobre a assistência social reconheça o papel e a importância da LBA no âmbito do Estado e das políticas públicas governamentais, a historiografia das mulheres ainda não trata a atuação das primeiras-damas na condução das políticas sociais como dotada de participação na política. Convém destacar que, em um dos importantes estudos a respeito da participação das mulheres na vida pública e política brasileira, o de Lúcia Avelar (2002), as primeiras-damas e os trabalhos por elas realizados não são mencionados como pertencentes à esfera de atuação e de participação da mulher na política.

Essa concepção pode ser explicada pela incorporação de um dado conceito de política e de participação política, no qual as atividades realizadas no âmbito assistencial não são políticas, e, por extensão, a atuação das mulheres não tem caráter de participação política.

---

1   A Legião Brasileira de Assistência foi extinta em 1º de janeiro de 1995, por força da Lei Orgânica da Assistência Social.

MULHER E POLÍTICA 133

Isso posto, pela importância histórica, social e política de Darcy Vargas e da Legião da Brasileira de Assistência, acompanhar-se-á, por intermédio da personagem Darcy, o processo de criação de um modelo institucional e de atuação e de participação da mulher na política assistencial.

Uma leitura da guerra na perspectiva das mulheres

Em setembro de 1939, o mundo tomou conhecimento da conflagração no continente europeu de mais um conflito de alcance internacional. A declaração da Segunda Guerra Mundial percorreu o planeta, gerando medos, incertezas e inseguranças quanto aos destinos dos países envolvidos.

Até fins de 1941, a Segunda Guerra Mundial era acompanhada a distância pelos brasileiros, principalmente por intermédio da imprensa. A relação do Brasil com a guerra modificou-se em 1942 quando o governo brasileiro oficialmente anunciou seu apoio aos países aliados contra as forças nipo-nazifascistas e, principalmente, quando declarou guerra à Alemanha (em agosto do mesmo ano), após o afundamento de vários navios nas costas brasileiras, gerando a morte de centenas de marinheiros e soldados.[2]

Que fazem as mulheres dos países beligerantes na Guerra? Que foi feito delas? Não afetará a Guerra, diferentemente a um e outro sexo? Seria a Guerra apenas luto e sofrimento? Não será ela também, pela ruptura da ordem familiar, social, uma possibilidade de abertura de novas atividades, vivências e experiências para as mulheres? (Thébaud, 1991, p.32)

Com essas perguntas, Françoise Thébaud (1991) lançava questões para introduzir sua análise acerca do papel da mulher na Primeira Guerra Mundial, no contexto dos países europeus, sugerindo a mudança de

---

2   Para Letícia Pinheiro (1995), os fatos que antecederam a declaração de guerra do Brasil aos países do eixo, em 22 de agosto de 1942, são bem conhecidos. Após o rompimento de relações diplomáticas em janeiro, seguido de crescente colaboração à causa aliada, o torpeamento de vários navios brasileiros por submarinos alemães levou o governo Vargas a, finalmente, declarar a guerra à Alemanha e à Itália, com amplo apoio da população. Existem inúmeros estudos e interpretações para esse momento da história política, como Moura (1980) e Gambini (1977).

134 IVANA GUILHERME SIMILI

perspectiva inaugurada pela história das mulheres e pelos estudos de gênero no exame de objetos tidos como essencialmente masculinos, tais como a guerra.

No Brasil, o trabalho das enfermeiras que integraram a Força Expedicionária Brasileira enviada para o *front* da Itália, em 1944, foi o principal foco de estudos sobre a participação das mulheres na Segunda Guerra Mundial (cf. Camerino, 1983; Cansação, 1987; Valadares, 1976, Silva, 2000; Cytrynowicz, 2000).

E as outras mulheres, o que foi feito delas?[3]

No Capítulo 1, verificou-se como as lutas masculinas alteraram as relações entre os gêneros e como alguns momentos da história política brasileira foram emblemáticos das alterações entre as relações entre os gêneros, em que a retirada do masculino do grupo família criou novas modalidades de obrigações para as mulheres, sendo a principal a de sobrevivência e manutenção do grupo familiar. Nesse capítulo, destacaram-se o Movimento Constitucionalista de 1932 e a Segunda Guerra Mundial como expressivos dessas mutações.[4] Com relação à Segunda Guerra Mundial, como fizeram, como viveram as mulheres que viram seus maridos, filhos, noivos, namorados partirem para a guerra?; quais responsabilidades assumiram após a retirada dos homens do seio familiar?; como vivenciaram os sofrimentos e os lutos pela distância e, para algumas delas, a morte de seus afetos e amores?

Muitas dessas indagações ficaram sem respostas, entretanto, por intermédio de Darcy Vargas e da Legião Brasileira de Assistência, será possível desvelar parte da história da participação das mulheres na Segunda Guerra Mundial.

---

3   Quanto à participação feminina na Segunda Guerra Mundial, a maneira como a mobilização, desenvolvida por Getúlio Vargas durante o conflito mundial, afetou e alavancou mudanças foi objeto de estudo de Silva (2000). Essa autora analisou a participação das mulheres das classes média e alta, da cidade de Fortaleza, na mobilização, a fim de perceber como esse processo contribuiu para promover maior visibilidade feminina no espaço público e para gerar mudanças nos comportamentos.

4   Sobre a participação das mulheres no Movimento Constitucionalista de 1932, ver Borges (1997), De Paula (1999) e Donato (1982).

MULHER E POLÍTICA 135

Os estudos sobre a Segunda Guerra Mundial têm destacado que um dos problemas que Getúlio Vargas teve de administrar após a declaração do ingresso no Brasil no conflito mundial e, ato contíguo, a decisão de enviar tropas brasileiras para o *front*, foi a composição das Forças Armadas. O Exército, a Marinha e a Aeronáutica não possuíam homens suficientes para fazer frente ao conflito. Se a falta de armamentos foi contornada pelo governo norte-americano com o empréstimo de equipamentos, a insuficiência dos efetivos humanos cabia ao governo brasileiro solucionar. Entre 1942 até o início de 1944, quando parte o primeiro batalhão para a Itália, os investimentos governamentais foram para a composição das Forças Armadas. Era necessário incentivar os homens a aderirem à guerra, inscrevendo-se como soldados. Os "vários masculinos" deveriam aderir, os pais de família, os irmãos, os filhos da pátria.[5]

Para Roney Cytrynowicz (2000), a Segunda Guerra Mundial foi estratégica para o governo Vargas. No período, o governante retirou do fenômeno os componentes ideológicos para promover alguns ajustes políticos e militares que estavam em curso no Estado Novo. Os ideais de povo unido e mobilizado diante do inimigo comum, a guerra, movimentaram as campanhas de mobilização desencadeada pelo governo Vargas, cujo objetivo era a formação de um *front* interno e externo disposto a lutar e a trabalhar pelas causas do país. Buscava-se a união de esforços de homens e de mulheres em torno da guerra, a cooperação entre os sexos para a vitória do Brasil e dos aliados.

Formar um *front* interno composto por mulheres dispostas a trabalhar pela vitória do país foi um dos eixos da mobilização desencadeada por Vargas. No que tange às interpretações para o surgimento da LBA como a primeira instituição pública de cunho assistencial, um dos pontos destacados foi o seu traço mobilizador. Seu aparecimento no cenário público assistencial atrela a criação por Getúlio Vargas como

---

5   A produção relativa ao tema da participação do Brasil na Segunda Guerra Mundial e os problemas enfrentados por Getúlio Vargas na composição das Forças Armadas é considerável (cf. Castelo Branco, 1960; Coggiola, 1995; Vigevani, 1986; Bonalume Neto, 1995).

136 IVANA GUILHERME SIMILI

resposta à situação aflitiva do proletariado. O governo, aproveitando-se do "esforço de guerra" que se impunha à sociedade naquele momento, lançou a primeira campanha assistencialista de âmbito nacional que tomou forma por meio da instituição (Iamamoto & Carvalho, 1982; Mestriner, 2001).

Ao examinarem a trajetória da instituição no período de 1942 a 1945, Sposati & Falcão (1989) caracterizaram o trabalho assistencial durante o período de guerra como de "campanhista", em razão dos traços apresentados pela atuação institucional. Esse período teria sido marcado pelo forte chamamento aos governos estaduais, por meio das primeiras-damas, com propósito de unir os esforços durante o conflito mundial. Os usuários dos serviços prestados pela LBA seriam as famílias dos pracinhas, os servidores, as voluntárias e alguns funcionários públicos disponibilizados para trabalhar com as primeiras-damas. Sua organização expressaria a "parceria" entre o voluntariado e o empresariado que vêm reforçado o papel contributivo da mulher no enfrentamento de situações sociais adversas, haja vista que coube à instituição a mobilização da sociedade civil durante o período da participação do Brasil na guerra. As doações, os convênios entre entidades assistenciais e as campanhas promovidas pela instituição formariam o conjunto de práticas institucionais da assistência social no período (ibidem).

Nas interpretações relativas à Segunda Guerra Mundial, para o surgimento da Legião Brasileira de Assistência e para a trajetória assistencial durante o período da participação do Brasil no conflito, encontram-se os indícios de estratégias governamentais visando à participação feminina na vertente assistencial. A trajetória da primeira-dama na presidência da instituição permite acompanhar e deslindar aspectos dessa estratégia.

Um arranjo de cooperação entre os sexos para a guerra

Na Segunda Guerra Mundial, um acordo de cooperação entre os sexos marcou o surgimento da Legião Brasileira de Assistência. O

MULHER E POLÍTICA 137

pressuposto de que "pobre é coisa de mulher, que tem coração e não de governo, que tem razão" (ibidem, p.6) serviu de justificativa para um arranjo de cooperação entre os sexos para a guerra, o qual orientou a composição de uma parceria entre o Estado, o empresariado e o voluntariado feminino civil, a qual marcou o surgimento da LBA.

Na parceria, a subjugação do feminino ao masculino, representada pelo Estado e empresariado, é patente. Por intermédio do Decreto-Lei nº 4830, de 15.10.1942, a instituição foi reconhecida como órgão de colaboração do Estado no tocante aos serviços de assistência social. A Portaria nº 870, de 26.10.1942, do Conselho Nacional do Trabalho (CNT) estabeleceu a contribuição compulsória de empregados e de empregadores (1% e 2%, respectivamente, dos salários recebidos e da folha de pagamento, contribuição a ser recolhida pelos institutos e caixas de pensões e aposentadorias) para o financiamento das atividades assistenciais da LBA (Iamamoto & Carvalho, 1991; Sposati & Falcão, 1989).

A participação do empresariado no empreendimento como principal articulador do projeto incorporado pelo Estado foi exposta no estatuto no artigo 1º:

> A Legião Brasileira de Assistência – abreviadamente LBA – criada em 28 de agosto de 1942, sob a inspiração da Exma. Sra. Darcy Sarmanho Vargas e por iniciativa da Federação das Associações Comerciais do Brasil e da Confederação Nacional de Indústria, é uma sociedade civil, de intuitos não-econômicos, de duração ilimitada e reger-se-à pelos presentes estatutos, pelo regimento interno e pelas instruções e deliberações dos órgãos diretores, no âmbito de sua competência.

Inspirada por Darcy e por iniciativa do empresariado, eis a definição que está na origem da Legião Brasileira de Assistência. No apoio do empreendimento da primeira-dama, estavam a Confederação Nacional da Indústria e a Associação Comercial do Brasil. Foram objetivos traçados para a LBA (artigo 2º do estatuto): "1. executar seu programa pela fórmula do trabalho em colaboração com o Poder Público e a iniciativa privada; 2. congregar os brasileiros de boa vontade, coordenando-lhes a ação no empenho de se promover, por todas as formas, serviços de

138 IVANA GUILHERME SIMILI

assistência social; 3. prestar, dentro do esforço nacional pela vitória, decidido concurso ao governo; e 4. trabalhar em favor do progresso do serviço social no Brasil".

A estruturação da instituição e a participação do empresariado foram montadas e expostas no estatuto, em seu artigo 6º: "A Comissão Central – C.C. compor-se-á de um presidente, um secretário-geral, um tesoureiro geral, um diretor técnico e quatro vogais". O parágrafo 1º estipulava o seguinte: "A presidência será exercida pela esposa do presidente da República e, na sua falta, por pessoa de relevo social, reconhecida capacidade e notória dedicação cívica, eleita pelo C.D. (Conselho Deliberativo)".

Além de destinar a presidência a Darcy Vargas, o estatuto atrelou sua atuação a do empresariado na instituição, ficando definido no parágrafo 5º que: "O tesoureiro-geral e o diretor técnico serão indicados pelas diretorias da Federação das Associações Comerciais do Brasil e da Confederação Nacional da Indústria; os vogais serão indicados pelas diretorias da Associação Comercial do Rio de Janeiro e da Confederação Nacional da Indústria, sendo dois de uma dessas instituições".

As entidades de classe do empresariado como "órgãos oficiais de colaboração" e cumprindo os itens do Estatuto passaram a ter, na sede central da LBA, no Rio de Janeiro, Rodrigo Octávio Filho como secretário-geral e João Daudt de Oliveira como presidente da entidade de classe e tesoureiro. Foi em uma das salas cedidas pela Associação Comercial, na Rua da Candelária nº 9, que a sede funcionou em seus primórdios, até fixar endereço na Rua México nº 158, onde funcionou durante o período da guerra.

Outro dado constante no estatuto que formatou a estrutura institucional foi que, em cada Estado e município brasileiros, respectivamente, as comissões estaduais e municipais seriam montadas com o apoio do empresariado. Para as primeiras, determinava o artigo 12: "As Comissões Estaduais – CE estarão organizadas nos mesmos moldes da C. C., com atividades dentro de cada Estado ou território". Para a segunda, estabelecia o artigo 17: "Em cada Município, os serviços da LBA estarão a cargo de um Centro Municipal – C.M, com jurisdição no respectivo território".

MULHER E POLÍTICA 139

No acordo de cooperação entre o Estado, o empresariado e o voluntariado feminino, Darcy Vargas coroou a pareceria. Como elemento de composição e de coroamento do acordo, Darcy representava o lado feminino no empreendimento e a responsável pela condução do projeto assistencial para "amparar os soldados e seus familiares". Roger Chartier (1994, p.102), ao traçar um panorama da historiografia atual, salienta que o "objeto da história [...] não são mais as estruturas e os mecanismos que regulam, fora de qualquer controle subjetivo, as relações sociais, e sim as racionalidades e as estratégias acionadas pelas comunidades, as parentelas, as famílias, os indivíduos".

Quais foram as estratégias colocadas em ação pela e para a personagem na presidência da LBA, para desenvolver o projeto assistencial traçado pelo empresariado e incorporado pelo Estado?

O "Chamado da presidente" às mulheres para a guerra

É reconhecido, pela historiografia, o papel da imprensa como um instrumento de manipulação de interesses e de intervenção na vida social (Capelato & Prado, 1980, p.28). Reconhece-se também o papel da imprensa – jornais, revistas e rádio – na propaganda política dos anos 1930 e 1940. O Departamento de Imprensa e Propaganda, criado em 1939, foi um importante veículo na produção e veiculação de imagens e nas representações, pelo corpo social, sobre o governo e sua figura principal, o governante, em que os atos e feitos governamentais eram ressaltados, bem como as qualidades do homem público (Goulart, 1990; Capelato, 1998).

Na Segunda Guerra Mundial, quando os objetivos governamentais se voltaram para a Legião Brasileira de Assistência e para Darcy Vargas, instituição e personagem tornaram-se elementos de propaganda política pela qual se desenvolveu o processo de intervenção na vida social, com o objetivo de mobilizar as mulheres para a formação do *front* feminino da LBA, ou seja, para compor os quadros do "voluntariado feminino civil" na instituição.

140 IVANA GUILHERME SIMILI

Pela função estratégica que a personagem passou a deter no governo Vargas, nas notícias veiculadas na imprensa é possível captar as "estratégias dos sujeitos", aquelas que foram colocadas em ação por Darcy e para a personagem, para m obilizar as mulheres e levá-las para o trabalho voluntário.

Uma das primeiras notícias veiculadas na imprensa sobre as ações de Darcy Vargas na presidência da LBA foi a reprodução do telegrama endereçado às primeiras-damas do território nacional:

> Visto grandes dificuldades atravessa nosso País, mulher brasileira será chamada cumprir missão na proteção famílias bravos soldados e execução todos os deveres civis forem necessários. Com esse objetivo foi fundada nesta capital sob égide Federação das Associações Comerciais do Brasil LEGIÃO BRASILEIRA DE ASSISTÊNCIA. Desejando estender todo País benefício esta organização sugerimos assuma nesse Estado a direção do movimento em conjunto Associação Comercial que a procurará imediatamente. Muito grata por sua colaboração. Saúda cordialmente – a) DARCY VARGAS. (*Correio da Manhã*, 30.8.1942, p.1)

No telegrama, Darcy comunicava a criação, no Rio de Janeiro, da Legião Brasileira de Assistência e pedia para as primeiras-damas que, em parceria com as associações comerciais, assumissem a coordenação dos trabalhos da instituição em seus respectivos Estados. Mais do que uma solicitação às primeiras-damas, nela está implícita o projeto assistencial que o empresariado e o governo incumbem Darcy de desenvolver na recém-criada LBA: "mobilizar a mulher brasileira por todo o Brasil" para a "missão de proteção das famílias" dos bravos soldados.

Outra notícia veiculada na imprensa fazia referência à organização da Comissão Central do Rio de Janeiro. Darcy Vargas reuniu as esposas dos ministros de Estado, do diretor dos Correios e Telégrafos e do diretor da Central do Brasil, dividiu a Legião Brasileira de Assistência em oito setores de ação e os distribuiu entre as mulheres.

Esta foi a configuração da organização feminina para a LBA veiculada na imprensa:

> seção I – Convocados e suas famílias: a) Exército – Senhora Gaspar Dutra; b) Marinha – Senhora Aristides Guilhem; c) Aeronáutica – Se-

MULHER E POLÍTICA 141

nhora Salgado Filho. II e III – Defesa passiva: senhoras Oswaldo Aranha, Marcondes Filho e Henrique Dodsworth. IV – Necessidades das famílias dos pequenos agricultores: senhora Apolônio Sales. V – Educação do Consumidor e do Produtor, Campanha da Borracha, metal, níqueis, etc. – Senhora Souza Costa. VI – Estudantes e crianças necessitados – Senhora Gustavo Capanema. VII – Organização de Cursos para comunicações – Senhoras Mendonça Lima e Landry Salles. VIII – Fiscalização e policiamento – senhora Alcides Etchegoyen. IX – Colaboração com a seção de Propaganda – Senhora Coelho dos Reis. X – Organização de cursos de transportes – Senhora Napoleão Alencastro Guimarães. (*Correio da Manhã*, 1°.9.1942, p.3)

Observa-se, na divisão de tarefas entre as mulheres em seções de atividades, o quadro ministerial do governo Vargas em sua versão feminina – as esposas ficaram incumbidas pelos mesmos setores pelos quais os maridos respondiam na política.

Alguns aspectos devem ser destacados nesse "ministério feminino" para a guerra. Um deles é a falta de identidade com que as mulheres são nomeadas, denotando que a importância que lhes era atribuída decorria do cargo de seus maridos. O segundo é a estratégia colocada em ação no sentido de indicar que os homens e as mulheres estavam unidos no enfrentamento da guerra e suas problemáticas e que, enquanto "eles", os maridos, ajudavam Vargas, "elas" cooperavam com a primeira-dama.

Além de organizar a Legião Brasileira de Assistência com as mulheres da elite, dotando-as de funções de liderança e comando nos quadros institucionais, nos materiais de propaganda colocados em circulação na imprensa é possível ouvir o chamado de Darcy Vargas dirigido às demais mulheres para a composição do quadro de voluntárias.

Este foi o primeiro cartaz-propaganda veiculado na imprensa, com o objetivo de fazer que as mulheres procurassem os postos de inscrições e se inscrevessem como voluntárias.

No cartaz-propaganda, embute-se o chamamento da primeira-dama; em nome da "Vitória do Brasil", as mulheres deveriam se dirigir aos postos para se inscrever como voluntárias da LBA, sendo os primeiros instalados no *Jornal do Comércio*, na Associação Brasileira de Imprensa (ABI) e no Palace Hotel.

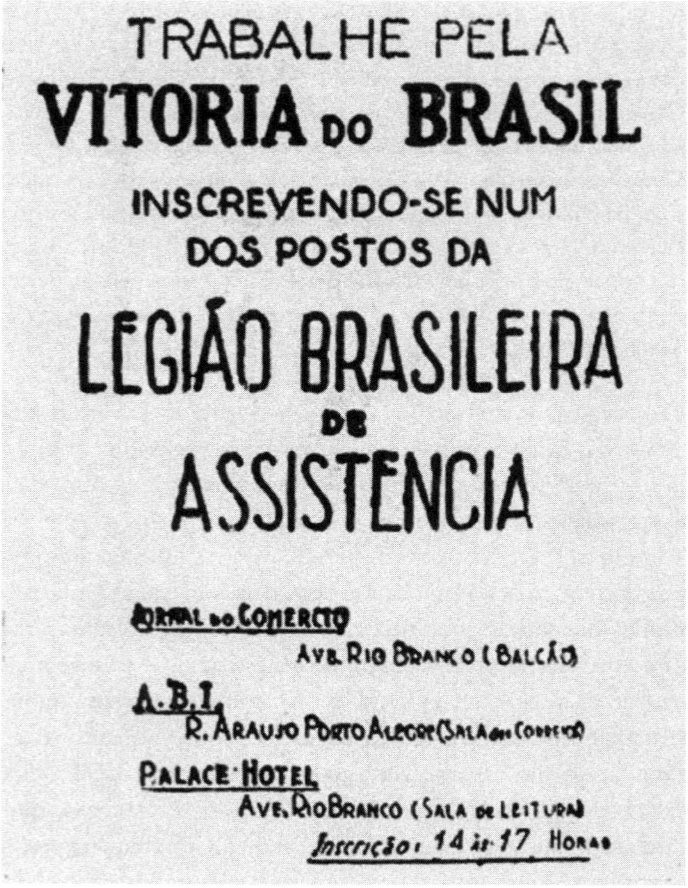

142 IVANA GUILHERME SIMILI

Figura 6 – Cartaz-propaganda (*Correio da Manhã*, 4.9.1942, p.3).

De acordo com o que o noticiava a imprensa, no decorrer da mobilização foram abertos os postos na Juventude Católica Feminina, no Metro-Copacabana, no Tijuca Tênis Clube, na Escola Ruy Barbosa, no Instituto Tamandaré e na Associação dos Amigos do Bairro do Grajaú, portanto em pontos estratégicos e freqüentados, em sua maioria, pela elite feminina carioca.

A imprensa também produziu material com o objetivo de mostrar como o "chamado da presidente" era respondido pelas mulheres.

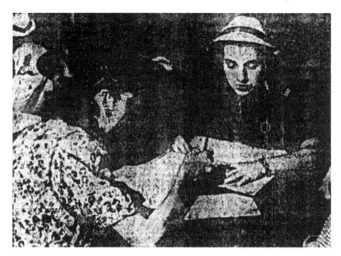

Figura 7 – As mulheres brasileiras respondem ao "chamado" da primeira-dama (*Correio da Manhã*, 6.9.1942, p.19).

A compreensão dessa imagem exige algumas considerações acerca da fotografia de imprensa. No século XX, a fotografia conquistou um importante lugar nos veículos de informação, inicialmente nas revistas ilustradas, marcando sua diferença com relação à imprensa diária por meio do apelo das imagens. Até a década de 1950, essas revistas desempenharam um papel de crescente importância, inundando a sociedade contemporânea com uma quantidade e uma variedade de imagens sem precedentes. Foi também nesse período que as fotografias adquiriram um novo patamar na imprensa: de apêndice dos textos passaram a apresentar um ponto de vista próprio sobre os acontecimentos relatados. Nascia assim o fotojornalismo, no qual a "fotografia torna-se construção, segundo estruturas ideológicas nem sempre explícitas" (Costa, 1993, p.79).

As fotografias constituem um ponto de partida em uma pista para o desvendamento do passado, afirma Boris Kossoy (2001). Elas mostram um fragmento selecionado de coisas, de pessoas, de fatos, tal como foram esteticamente congelados em um dado momento de sua existência/ocorrência. No exame de fotografias de imprensa, Kossoy (2001, p.136) alerta para a "utilização das imagens/textos na manipulação da opinião pública, segundo interesses e ideologias determinados".

144 IVANA GUILHERME SIMILI

Para desvendar aquilo que não é de todo revelado pelo olhar fotográfico, Cardoso & Mauad (1997) preconizam que as imagens sejam examinadas sob um duplo ponto de vista: como artefato produzido pelo homem e mensagem que transmite significados relativos à própria composição da mensagem fotográfica.

No quadro da campanha desencadeada pela imprensa para conseguir a adesão feminina para o trabalho voluntário, o recurso à imagem fotográfica tinha um propósito ideológico nítido: mostrar que as mulheres, além aderirem à causa, produziam, no corpo social, idéias e representações que motivassem a sua procura aos postos de inscrição para se inscreverem como voluntárias; as mulheres não só ouviam o chamado dirigido a elas, mas também estavam dispostas a participar.

Além dos cartazes e das imagens fotográficas, "discursos convocatórios" passaram a ser veiculados na imprensa com o objetivo de atingir "todas as filhas da Pátria":

> Na hora da Pátria, há lugar para todas. Mesmo aquelas senhoras que além das atribuições de dona de casa tenham obrigações de trabalho podem cooperar com a Legião. Temos lugar e trabalho para as que possam dispor de todo um dia como temos lugar para aquelas que possam dedicar um pouco de seu tempo apenas, e assim mesmo, no seu próprio domicílio. [...] Assim uma moça que trabalhe fora o dia todo e que à noite queira fazer, em casa, alguma coisa para o Brasil, se inscreverá no setor de costuras, tricô, etc., anotando que trabalhará no seu próprio domicílio; outra, que possa dispor de uma hora por dia, na sede ou nos centros dos bairros, cooperará da mesma forma. (*Correio da Manhã*, 4.9.1942, p.7)

A mensagem era nítida: a Legião Brasileira de Assistência precisava do trabalho de todas as mulheres, da ajuda e da contribuição feminina, naquilo e com aquilo que uma mulher sabia fazer e podia ajudar, porque a instituição ia precisar de costureiras, de tricoteiras.

Se a mensagem de Darcy Vargas que a imprensa procurou transmitir era a de que a Legião Brasileira necessitava da participação e trabalho femininos, a mulher que a instituição almejava pode ser identificada nos artigos publicados na *Revista Cultura Política*, um dos principais veículos do pensamento político dominante.

Ao tratar do papel social, Ademar Vidal (*Revista Cultura Política,* 1943, p.7) define assim a mulher:

> mais pureza que o homem. E tem também mais ternura que é a máxima expressão do altruísmo. Tem mais apego, mais veneração, mais bondade, isto é, mais amor. Instintos estes, de obediência, porque amar é obedecer. É preferir a vontade alheia à vontade própria. "É gozar a felicidade" – no dizer do poeta, de ver os outros felizes.

Na guerra, afirmava Jorge Medeiros (*Revista Cultura Política,* 1943, p.145):

> o sentimentalismo próprio do coração feminino, tem cedido lugar às contingências e circunstâncias da realidade da guerra. Aos afazeres únicos e particulares do lar precisam ser somadas as obrigações oriundas do estado de beligerância dos povos [...] As atividades domésticas e mais algumas decorrentes das exigências sociais também devem ser incluídas entre os serviços mais relevantes que se prestam à família humana.

Na guerra, portanto, aos atributos "naturais das mulheres" prescrevia-se que deviam associar-se aqueles exigidos pelo estado de beligerância. Os sentimentos de obediência, altruísmo, caridade, bondade, abnegação, pureza, docilidade e amor, que eram concebidos pelos homens como inerentes ao feminino e atrelados ao lar e à família; as mulheres deviam alocar para a nação, usando-os para ajudar a Pátria-família em que a nação é transformada.

Para encorajar as mulheres, as palavras de ordem disseminadas pelo corpo social por meio da imprensa foram as de que, naquela que era uma "tremenda conflagração mundial", a Segunda Guerra Mundial, a mulher brasileira teria, mais uma vez, sua oportunidade para trabalhar pelo "engrandecimento de nossas forças, para o encorajamento dos que talvez tenham de seguir para as linhas de frente, na defesa da Pátria e das instituições livres do mundo". "As mulheres do Brasil", "as nobres filhas deste grande país", tinham um papel a cumprir na guerra, que era o de fazer sacrifícios em nome da Pátria, cedendo seus pais, seus filhos, seus maridos, seus noivos. Elas deveriam ainda estar disponíveis para trabalhar onde e no que quer que fosse necessário.

As mulheres teriam a oportunidade de demonstrar "seu espírito filantrópico e as virtudes das brasileiras", e o caminho a ser seguido era o mesmo de Darcy Vargas. A imagem criada para a personagem pela imprensa para incentivar e indicar o caminho de participação das mulheres no conflito mundial era a da primeira-dama: ela tinha nobreza de coração, amor ao próximo e estava disposta a trabalhar pela vitória do país. A Legião Brasileira de Assistência era a expressão dos seus sentimentos e de sua vontade de participar e ajudar o país. Era ao chamado dela que as mulheres deveriam ouvir e responder, alistando-se como voluntárias da LBA.

"Mulheres atendem ao chamado": a formação das voluntárias

Segundo Bethânia Mariani (1995, p.33), o discurso jornalístico, como prática social, funciona em várias dimensões temporais. Simultaneamente ele capta, transforma e divulga acontecimentos, opiniões e idéias da atualidade – ou seja, lê o presente, ao mesmo tempo que organiza um futuro – as possíveis conseqüências desses fatos do presente e, assim, legitima, enquanto passado, a leitura desses mesmos fatos do presente, no futuro.

Pode-se afirmar que, ao elaborar notícias para Darcy Vargas e para a Legião Brasileira de Assistência, a imprensa da época produziu uma memória para a personagem e a instituição, organizada em torno dos principais fatos, marcos e acontecimentos que pontuaram a trajetória de ambas, o que permitiu, no presente, acompanhar os caminhos trilhados pela presidente para compor o quadro de voluntárias.

O que as imagens e as mensagens veiculadas pela documentação de memória revelam é que no período de agosto a dezembro de 1942, em razão do posto ocupado, a vida de Darcy foi muito movimentada. No período, ela participou de todas as atividades atinentes à organização da instituição: promoveu reuniões, participou da criação de cursos preparatórios para as voluntárias, realizou campanhas. Pode-se dizer que, para ela, as instituições, a Fundação e a Legião Brasileira de Assistência passaram a ocupar um lugar central no seu cotidiano.

MULHER E POLÍTICA 147

Vale recordar que em 1942 o casal Vargas estava sozinho. Os filhos não estavam mais com os pais: haviam terminado os estudos, alguns constituíram família e outros moravam longe dos pais. Com os filhos criados, as incumbências da maternidade para Darcy Vargas tinham outros teores. Como decorrência, naquele momento, final de 1942, ela tinha tempo livre para dedicar-se às suas instituições, e foi isso que ela fez.

O trabalho desenvolvido pela presidente para formar o quadro de voluntárias pelo qual se pode captar a vida da personagem, bem como a participação das mulheres na Segunda Guerra Mundial, ficou registrado na documentação.

Em setembro de 1942, foi "instalado" por Darcy Vargas, no Palácio Tiradentes, o Curso de Defesa Passiva Antiaérea, com o objetivo de formar o quadro de voluntárias da Defesa Passiva Antiaérea. Alguns esclarecimentos são necessários sobre a defesa passiva. Em fevereiro de 1942, com os primeiros ataques dos países do eixo à costa brasileira, acentuam-se as preocupações governamentais com a questão da defesa interna do país, e medidas de proteção à população foram adotadas. Pelo Decreto-Lei nº 4.098, de 6 de fevereiro de 1942, foi criado o Serviço de Defesa Passiva Antiaérea, como atribuição do Ministério da Aeronáutica, o qual previa a mobilização de todos os brasileiros e estrangeiros maiores de 16 anos, por um período de, no máximo, dez dias úteis do ano, para as tarefas de proteção contra gases, remoção de pessoas intoxicadas; serviços de enfermagem, de vigilância do ar; de prevenção e de extinção de incêndios, de limpeza pública, de desinfecção, de policiamento e de fiscalização na execução das ordens. Esse decreto previa ainda a utilização desse pessoal na construção de trincheiras e de abrigos de emergência. Para a execução dessas tarefas, faziam-se algumas exigências: obediência ao recebimento das instruções sobre o serviço e o uso de máscaras, conhecimento de defesa individual, recolhimento ao abrigo e obediência à interdição do ir e vir, sujeição às ordens prescritas para a dispersão, atendimento ao alarme, apagamento das luzes e atendimento à proibição de acionar automóveis. Para proteção da população, o decreto previa a construção de abrigos antiaéreos em

148 IVANA GUILHERME SIMILI

edificações novas, que tivessem entre cinco ou mais pavimentos, ou em área coberta com mais de 1.200 m², em edifícios para habitação coletiva, em hotéis, hospitais, casas de diversão, estabelecimentos comerciais, industriais e de ensino. Edificações antigas ficavam fora da obrigação de construir abrigos, a não ser que aumentassem sua área ou que fossem concebidas como necessárias à segurança nacional (Cytrynowicz, 2000).

Em agosto de 1942, novo decreto transferiu para o Ministério da Justiça e Negócios Interiores a responsabilidade pela organização do Serviço de Defesa Passiva Antiaérea no território nacional, em substituição ao Ministério da Aeronáutica.

A criação do curso pela LBA marcou o momento da incorporação das mulheres aos quadros da defesa passiva. É importante destacar que o corpo das voluntárias da Defesa Passiva surgiu no Brasil seguindo o modelo inglês, que preconizava a transferência de inúmeras tarefas da defesa interna ao corpo feminino auxiliar. Como uma organização paramilitar criada para mulheres, o chefe era o coronel do Exército Orozimbo Martins Pereira, diretor do Serviço de Defesa Passiva. Seus instrutores foram civis e militares, e o diretor de ensino o capitão Hugo de Matos Moura.

Na solenidade de instalação do curso, estavam presentes Darcy Vargas e o coronel Orozimbo Martins Pereira, o qual, em seu discurso de apresentação, destacaria a importância da missão das voluntárias inscritas para o curso, frisando que seriam árduos os trabalhos a que deviam se devotar no "preparo das populações civis, além da guarda dos bens materiais, culturais e artísticos do país". Ressaltava ainda que

de quase nada valerá essa modalidade de defesa se não contar com a incondicional cooperação de elementos suficientemente instruídos e, além disso, imbuídos do mais profundo sentimento de abnegação, de disciplina, de altruísmo, de devotamento e de valor. (*Correio da Manhã*, 27.9.1942, p.1)

Na apresentação do curso feita pelo coronel Orozimbo, revela-se o projeto para a formação das voluntárias da LBA: elas se tornariam

MULHER E POLÍTICA **149**

aptas a cuidar dos bens materiais e simbólicos do país enquanto o conflito durasse. Percebe-se claramente, nas palavras do Orozimbo, um projeto de educação feminina com o propósito de preparar as mulheres, transferir as atividades privadas para o setor público e associá-las. O curso pretendia que os cuidados com os bens domésticos – família, filhos – fossem ampliados para a nação: proteger a população e seus bens transforma-se no fim almejado. Dedicação, abnegação, altruísmo, devotamento, sentimentos e comportamentos tidos como "naturais" ao feminino, associados aos de disciplina, transformam-se em conceitos orientadores da formação das mulheres, com o objetivo de torná-las úteis à nação. O ideal feminino a ser criado pelo curso era o guardião dos filhos e dos bens da nação.

Em dezembro de 1942, após três meses de curso, a Legião Brasileira de Assistência formou a primeira turma das voluntárias da Defesa Passiva Antiárea. Em novembro de 1942, pouco antes da formatura, a imprensa comunicava a formação pelo Instituto Social da "primeira turma de visitadoras e de auxiliares sociais". A notícia veiculada sob o título "Entrega de Certificados a duas turmas diplomadas pelo Instituto Social" informava a participação, na solenidade da entrega dos diplomas, da presidente da Legião Brasileira de Assistência, de Amoroso Lima, presidente do Instituto, e de Estela de Faro, expressivo nome representante do serviço social na época, entre outras personalidades.

No acontecimento, quem discursa pela LBA e por Darcy Vargas é Rodrigo Octávio Filho, secretário-geral, que frisa a relevância do trabalho das voluntárias que naquele momento concluíam o curso:

> O prazer do sacrifício é o consolo dos que sabem cumprir com o seu dever. Nesta hora grave, não é outra a missão de todos nós. E a LBA, embora se preparando para cumprir sua missão quando voltarem os dias de paz, procura, dentro de suas possibilidades, trabalhar no esforço de guerra, preocupação única de nosso espírito e de nossa atividade. [...] [Referindo-se à LBA] Ela vos espera, ansiosamente, para que possais ajudá-la em suas finalidades tendo como objetivo o preparo de um Brasil unido e forte e de um brasileiro sadio, alegre, trabalhador e patriota. (*Correio da Manhã*, 26.11.1942)

150 IVANA GUILHERME SIMILI

Rodrigo Octávio ressaltava a importância das auxiliares e visitadoras da instituição na guerra e na ajuda que podiam prestar na construção do país almejado: "um Brasil unido e forte e de um brasileiro sadio, alegre, trabalhador e patriota". Em setembro de 1942, foi criado também o curso para a formação de voluntárias da alimentação. A imprensa informou que cem voluntárias haviam se inscrito no curso:

> as quais ao termo de um mês, receberão um atestado de freqüência, habilitando-se assim para o exercício de uma importante missão de cunho social em época de guerra, qual seja a de ministrar às famílias dos cidadãos convocados para a vida militar conhecimentos úteis e objetivos sobre nutrição, orientando as donas de casa acerca do preparo de alimentos saudáveis e, ao mesmo tempo, acessíveis às bolsas das classes populares. (*Correio da Manhã*, 25.9.1942, p.7)

Percebe-se o projeto delineador do curso: formar voluntárias aptas a ministrarem conhecimentos de nutrição para as "famílias dos convocados". A proposta norteadora do projeto era a capacitar as mulheres para a transmissão de conhecimentos de nutrição.

O curso de alimentação foi ministrado pelo Serviço de Alimentação da Previdência Social (Saps), sob a supervisão de Dante Costa, chefe da Seção Técnica de Alimentação. Em outubro de 1942, sob o título "Entrega de certificados à primeira turma de voluntárias da alimentação", a imprensa divulga a solenidade de entrega dos diplomas para as formandas, ressaltando a importância das voluntárias da alimentação e a complexidade de que se revestia a "atribuição de cada uma nas atividades da LBA, tendentes todas a um único objetivo: construção e o fortalecimento de um Brasil maior pela expressão de sua força e de sua capacidade realizadora" (*Correio da Manhã*, 29.10.1942, p.3).

Construir um Brasil "unido e forte" e um "brasileiro sadio, alegre, trabalhador" era o objetivo almejado pela LBA com as visitadoras, auxiliares sociais e voluntárias da alimentação.

Na imprensa, ficaram registros sobre uma variedade de cursos promovidos pela instituição, como formação de samaritanas socorristas e educação popular. Ao contrário dos cursos para a defesa passiva an-

MULHER E POLÍTICA 151

tiaérea, visitadoras sociais e voluntárias da alimentação, as informações veiculadas pela imprensa restringiram-se a notícias esparsas, solicitando o comparecimento das inscritas aos locais programados para o ensino. Com relação à formação de samaritanas socorristas, foi estabelecido um convênio entre a LBA, a escola de Enfermagem Ana Nery e a Cruz Vermelha brasileira, instituições responsáveis pela formação dessas mulheres.

Na literatura sobre a Segunda Guerra Mundial, um dos problemas enfrentados por Getúlio Vargas sobre o envio da Força Expedicionária Brasileira (FEB) para o campo de batalha foi a composição do quadro de enfermagem. Na tentativa de resolver o problema da enfermagem para as Forças Armadas, promulgaram-se, em dezembro de 1943, os decretos nº 6.097 e 14.257. O primeiro criava o Quadro de Enfermeiras da Reserva do Exército, integrando-o ao Serviço de Saúde daquela força militar, e o segundo regulamentava a posição das enfermeiras nos quadros militares, prevendo o acesso delas até a primeira classe, sem, contudo, conferir-lhes posto militar.

Na seqüência, em janeiro de 1944, foi instalado, pelo Exército, o Curso de Emergência de Enfermeiras da Reserva do Exército. No edital divulgado pela imprensa, as exigências para fazer o curso eram: ser brasileira, solteira ou viúva, sem filhos e "possuir diploma de enfermeira ou certificado de curso de samaritana ou de voluntária socorrista, expedidos por escola de reconhecida idoneidade ou ser enfermeira de profissão, portadora de atestado fornecido pelo estabelecimento em que serve" (Silva, 2000).

O Exército definiu como pré-requisito para a integração das enfermeiras diplomas dos cursos de "samaritana socorrista" ou "socorrista de urgência", promovidos pela LBA, o indicava que a LBA habilitava as mulheres a integrarem a Força Expedicionária Brasileira.

Finalmente, os cursos de educação popular foram criados tendo por objeto principal o cuidado de crianças em idade pré-escolar. A formação desse voluntariado foi assumida pelo Instituto Nacional de Puericultura, pela Obra do Berço e pela Casa da Criança, locais onde as candidatas receberiam "ensinamentos necessários ao desempenho da nobre missão" (*Correio da Manhã*, 13.10.1942, p.9).

Alguns pontos devem ser destacados nos cursos oferecidos pela Legião Brasileira de Assistência. O primeiro diz respeito ao segmento feminino que a instituição, com a realização dos cursos, cooptou para o trabalho voluntário: as jovens e estudantes. Desincumbidas das tarefas domésticas ou das responsabilidades do trabalho em casa ou em indústrias, fábricas, escritórios e outros, as moças e estudantes compunham o segmento que tinha tempo livre suficiente para freqüentar os cursos e poderiam, posteriormente, depois de formadas, assumir o trabalho voluntário.

Ao freqüentarem os cursos, essas mulheres entravam em contato com situações e conhecimentos que impulsionariam a atuação delas no espaço público, abrindo perspectivas à profissionalização feminina. Observa-se, assim, que antigas profissões foram revigoradas, como a de educadoras e enfermeiras; reforçaram-se novos campos de atividade, como o de assistentes sociais; os conhecimentos militares começaram a chegar até as mulheres; esboçaram-se novas áreas de trabalho, como o de nutricionista.

Amarrando esses aspectos, observa-se que havia nos cursos uma proposta de preparação feminina que visava reforçar as habilidades e competências conceituadas pelos homens como inerentes ao feminino, para transformá-las em "mães da nação": mulheres preparadas para cuidar da população, da família e das crianças que se desmembravam em várias grandes mães: a mãe-zeladora da população e de seus bens – as voluntárias da defesa passiva; a mãe-nutriz – as voluntárias da alimentação; a mãe-amparo, as visitadoras e as auxiliares sociais; a mãe que cuida da dor: as samaritanas socorristas; a mãe-educadora: as educadoras populares.

Nos cursos preparatórios para as voluntárias, expõem-se também as mulheres objetivadas por Darcy Vargas para com ela trabalhar: mulheres abnegadas, solidárias, dispostas a abraçar as causas sociais, que a ajudassem a cuidar da "soldados e da família dos combatentes" e da população em geral, "amparando-os".

Imagens presidenciais femininas

A trajetória de Darcy Vargas na presidência da Legião Brasileira de Assistência compôs para a personagem uma "memória histórica" organizada em torno dos principais momentos e acontecimentos que marcaram seu percurso na instituição⁶

O movimento e a intensidade que a instituição imprimiu no ritmo da vida de Darcy Vargas ficaram registrados nos documentos de memória institucional. Ao examinar as fotografias produzidas para Darcy Vargas nos principais acontecimentos que marcaram sua trajetória como presidente da instituição e que integram e compõem a memória histórica da personagem e a memória institucional, é nítida a existência de alguns elementos recorrentes nas composições das imagens, por meio dos quais é possível captar a concepção de poder que orientava a atuação da personagem. Para demonstrar essa assertiva, a Figura 8 mostra-se como um caminho para a análise.

Figura 8 – Cerimônia de instituição das Voluntárias da Defesa Passiva. Ao lado de Darcy Vargas, está Rodrigo Octávio Filho, um dos fundadores da LBA (Acervo do Creas).

---

6   Aqui o conceito de memória histórica tem sua origem na distinção feita por Halbwachs (1990, p.55). De acordo com esse autor, a memória autobiográfica é aquela que liga o indivíduo ao mundo, tratar-se-ia de uma memória pessoal que se apoiaria na memória histórica, pois nossa história de vida faz parte da história geral. A memória histórica representaria o passado de forma resumida e esquemática.

154 IVANA GUILHERME SIMILI

Essa fotografia pertence ao acervo do Comissão Permanente Consultiva de Referência e Estudos da Assistência Social (Creas) e circulou no trabalho de memória produzido pela Legião Brasileira de Assistência, intitulado *Memória da assistência social – origens da LBA*. Nesse trabalho, a fotografia ocupa a página inteira do periódico, sinalizando a valorização da imagem pela e para a memória institucional, que é acompanhada de legenda com a seguinte informação: "Cerimônia de instituição das Voluntárias da Defesa Passiva. Ao lado da Sra. Darcy Vargas, o senhor Rodrigo Octávio Filho, um dos fundadores da LBA".

Considerando que a personagem feminina que aparece sentada entre os homens seja mesmo Darcy Vargas, porque o que a imagem dá a ver são os traços de um rosto e de um traje, impedindo que se afirme com certeza, que se trata mesmo da primeira-dama, neste fragmento visual, bem como em outros que circularam na imprensa, nos quais ela aparece em meio às figuras masculinas e em posição de destaque, encontramos importantes indícios das mudanças processadas no seu percurso.

Aspecto detectável na imagem é que ela está sem Getúlio Vargas e não era para referendar o homem público que sua presença e participação ocorriam. Nos momentos altissonantes da instituição, ao atuar, o que ela criava eram representações para si mesma, como presidente e administradora de um órgão público.

Importa destacar que, contrastando com a forte presença da primeira-dama nas encenações políticas de Getúlio Vargas, não encontramos registros da presença e participação dele, acompanhando a mulher, nas solenidades ou acontecimentos da Legião Brasileira de Assistência. No entanto, os "homens de Getúlio", aqueles que tinham atuação na vida pública e política do país e que direta ou indiretamente, passaram a participar das engrenagens da instituição que ela administrava e por extensão, a aparecer nas imagens, são as figuras que emprestam seus poderes simbólicos e políticos, na construção de representações para ela, como uma mulher pública e política.

Esclarecedor nesse sentido é o fato de que, na imprensa, para o acontecimento gerador da fotografia ora examinada, foi comunicado que estiveram presentes à solenidade de "instalação do curso de defesa passiva", entre outras personalidades, além de Rodrigo Octávio Filho,

MULHER E POLÍTICA 155

destacado na legenda que acompanha a imagem, o prefeito do Rio de Janeiro, Henrique Dodsworth; o diretor da Divisão de Rádio do DIP, o capitão Amílcar Dutra de Menezes; representante do ministro Marcondes Filho, cujo nome não é mencionado; coronel Jesuíno de Albucuerque, secretário de Saúde e Assistência; coronel Orozimbo Martins Pereira, primeiro diretor do Serviço de Defesa Passiva-antiaérea. Segundo o jornal, as personalidades mulheres presentes no acontecimento eram sra. Oswaldo Aranha, senhorita Terezita M. Porto da Silveira, diretora da Escola Técnica do Serviço Social; sra Henrique Dodswort.(Correio da Manhã, 27.09.1942, p.1).

O que a fotografia fornece são pistas da alteração na posição ocupada pela primeira-dama no cenário nacional e político, quando ela ocupou a presidência da Legião Brasileira de Assistência. Ela foi transformada em personalidade pública que tinha um papel a cumprir perante o Estado, o governo e a sociedade, que era o de conduzir o projeto assistencial enquanto durasse a participação do Brasil na guerra e os problemas sociais dela decorrentes se fizessem presentes. Ela foi constituída em personagem responsável pela execução da política assistencial e desenhou-se sua forma de atuação e de participação na política: atuar para ajudar os homens a resolver os problemas gerados por eles: a guerra. E essa relação está inscrita na composição da fotografia (ver Figura 8).

No fragmento visual, Darcy Vargas é a figura feminina destacada em meio aos homens. A mesa de solenidade, dividida em dois grupos, mostra um dos ocupantes ostentando sobre ela a fotografia de Getúlio Vargas. Vê-se também que os participantes estão atentos à fala de um homem que está posicionado à frente da imagem.

No campo do visível, é isso o que a imagem dá a ver ao leitor, entretanto, consoante Teresa de Lauretis (1994, p.237), que empresta da teoria do cinema o conceito de *space-off*, existe, nas representações discursivas e visuais, "um movimento a partir do espaço representado por/em uma representação, por/em um discurso, por/em um sistema de sexo-gênero, para o espaço não representado, mas implícito (não visto) neles".

De acordo com esse raciocínio, na imagem fotográfica, "a partir daquilo que a imagem torna visível" – a presença de Darcy Vargas

156 IVANA GUILHERME SIMILI

como única representante feminina – é possível identificar o "espaço não visível", inferindo-o a partir do visível.

Na imagem, entre o espaço visível e o invisível instala-se uma relação entre os homens e a mulher. A forte presença masculina e o poder de falar que está concentrado na figura masculina dão supremacia aos homens.

Revela-se, na fotografia, uma das características recorrentes nas narrativas que enfocam as principais solenidades públicas que marcaram a trajetória de Darcy e da Legião Brasileira de Assistência: o fato de que, embora a primeira-dama ocupasse o principal posto da instituição, sua participação nos acontecimentos não foi marcada pelo poder do verbo. Na imagem, como em muitas outras narrativas criadas acerca dos acontecimentos de maior expressão durante a administração de Darcy Vargas, são os homens que falam.

Na fotografia, estão também os sinais das "representações do poder das mulheres": minoritário, figurativo, acessório. No entanto, a figura e a presença feminina no meio dos homens podem ser interpretadas como um elemento desestabilizador do poder e da supremacia masculina. A presença da primeira-dama no acontecimento está relacionada ao poder que detinha como presidente institucional, portanto com poder. Os homens que participavam do acontecimento de instalação do curso ali estavam para referendar e apoiar o seu trabalho, portanto o seu poder como presidente da Legião Brasileira de Assistência.

Na forma de participação de Darcy – unitária, solitária, passiva –, está o poder de que a primeira-dama foi revestida por Vargas e pelos homens: sua presença passa a ser comunicativa e designativa do poder de presidente. Nada precisando dizer ou fazer, tão somente estar. Estando, ela participa dos acontecimentos e evidencia sua participação na política assistencial e seu poder. Essa foi a forma que o exercício do poder de presidente da instituição assumiu.

Ao poder concedido pelos homens de comandar o projeto assistencial, a primeira-dama devia responder mostrando-lhes seu poder de comandar. A construção do poder da primeira-dama pode ser vislumbrado por intermédio de outras imagens fotográficas que a mostram ocupando lugar de destaque nas cenas retratadas, como esta:

Figura 9 – Darcy Vargas no Palácio do Catete (Acervo do CPDOC).

No CPDOC, a fotografia pertence à pasta de arquivo de Agamenon Magalhães.[7] A legenda que acompanha a imagem traz essa informação "AGM-foto 028/1e 2, Agamenon Magalhães, Alzira Vargas do Amaral Peixoto, Darci Vargas e outros em reunião no Palácio do Catete – entre março 1942 e setembro de 1943 – data certa".

Alguns pontos devem ser destacados nesta fotografia. Primeiro, que a data fixada de certa forma, abrange o período em que a primeira-dama ocupava a presidência da Legião Brasileira de Assistência e administrava a Fundação Vargas, entretanto, não há nenhum indício na imagem da relação entre a reunião retratada e a atuação de Darcy Vargas naquelas entidades; terceiro, a legenda, da forma como foi construída, ao citar a personagem como terceiro elemento, de certa maneira, cria uma posição secundária para ela no acontecimento.

---

7 Agamenon Magalhães ocupou várias posições políticas no governo Vargas. No período de 1937 a 1945, no qual a fotografia está inserida, ele era interventor do estado de Pernambuco. A existência da fotografia na sua pasta no CPDOC é indicativa de que ele era um dos homens presentes à reunião. (Fonte biográfica sobre o personagem; Getúlio Vargas, 1995, p.565).

158 IVANA GUILHERME SIMILI

Feitas essas considerações, o aspecto para o qual quero chamar atenção é a construção de um tipo de poder para a personagem que a imagem produz. Percebe-se que, o ângulo da imagem do acontecimento captada pelo fotógrafo dotou Darcy Vargas de posição de destaque na mesa de reuniões, ao mostrá-la no centro. A presença feminina que ela representa é compartilhada com outra personagem, a de Alzira, a filha.

Há, na imagem, um movimento indicado pelos gestos e pelas posturas dos participantes de que há uma discussão em curso. Na postura e fisionomia de Darcy, obtêm-se os indícios de que ela escuta atentamente o que está sendo falado por um homem. Nessa, como em outras situações retratadas em imagens, Darcy ocupa a posição de observadora, ou seja, atua e participa, observando.

O poder de comando da primeira-dama fixou-se na imagem no lugar de destaque por ela ocupado em uma mesa de reuniões. Mas esse poder revela-se subordinado ao dos participantes, figurando como uma personagem cuja atuação revelada na fotografia está concentrada na observação do que é comunicado por um homem.

Na fotografia, a primeira-dama observa o que o homem está dizendo, seu rosto está posicionado para ele, o que revela sinais das representações de gênero norteando sua postura. Segundo Lauretis (1994, p.212):

se as representações de gênero são posições sociais que trazem consigo significados diferenciais, então o fato de alguém ser representado ou se representar como masculino ou feminino subentende a totalidade daqueles atributos sociais. Assim, a proposição de que a representação do gênero é a sua construção, sendo a um tempo produto e o processo do outro, pode ser reexpressa com mais exatidão: a construção do gênero é tanto o produto quanto o processo de sua representação.

De acordo com essa orientação metodológica, a fotografia pode ser tomada como uma representação visual de gênero que permite identificar, na maneira como Darcy foi apresentada, a representação pertinente à personagem. Segundo Bourdieu (2002, p.103), é no processo de

MULHER E POLÍTICA 159

socialização/educação que se inculca o "*habitus* sexuado e sexuante", ou seja, constroem-se sujeitos masculinos e femininos que não são apenas construídos socialmente, mas corporalmente. Recato, docilidade, timidez são comportamentos e atitudes incutidos nas mulheres pela família, escola, sociedade e cultura. Darcy, como uma mulher de seu tempo, em sua cultura foi criada e educada para ter determinados gestos, posturas e composturas privadas e públicas.

Embora no momento retratado pela fotografia Darcy ocupasse um lugar de destaque no cenário nacional e na mesa de reuniões, na postura, nos gestos e na fisionomia da presidente captada na imagem estão os indícios sobre os valores e comportamentos comungados pela personagem. Como uma mulher dos anos 1940, que havia sido criada e educada para ser "cortês, gentil, agradável e meiga", Darcy, ao mostrar-se "toda atenta" ao que um homem dizia, emite os sinais sobre como ela se comportava: mais ouvindo do que falando. No entanto e em sentido inverso, posicionada para ouvir, havia naquele que detinha o poder de falar um ato de comunicação que pode ser interpretado como uma prestação de contas. Do mesmo modo que o poder da primeira-dama estava subordinado ao dos homens, o deles também a ela se subordinava.

As representações da personagem acerca de seu poder ficaram inscritas nas fotografias que retratam sua *performance* presidencial nas diferentes etapas do percurso institucional.

Uma das principais características da atuação da primeira-dama e da Legião Brasileira de Assistência que traçaria o perfil da assistência social, no período de guerra 1942-1945, foi a realização de campanhas, algumas delas feitas com o objetivo de obter doações da sociedade. Na imprensa e nos documentos da instituição (relatórios, boletins, fotografias), ficaram registros de uma variedade de campanhas desencadeadas com os mais diferentes objetivos. Foram promovidas, entre outras, as campanhas do "cigarro", do "agasalho", do "livro do combatente", "das madrinhas dos combatentes".

Da trajetória de Darcy Vargas na presidência da Legião Brasileira de Assistência, os momentos da atuação da personagem mais enfatizados nos documentos foram as campanhas dirigidas aos soldados, destacando-se a campanha do "cigarro do combatente", que foi geradora de imagens como a indicada na Figura 10.

Figura 10 – Darcy Vargas recebe doação (Acervo do Creas).

É nítida a intenção do fotógrafo na captação da imagem: fazer o registro do momento em que uma doação era feita à presidente. Isso é perceptível pela disposição dos atores, pelos olhares e gestos que constroem uma ação: a entrega feita de "algo" por uma mulher que é recebido por Darcy. A mensagem completa-se com uma mesa repleta de pacotes de cigarros.

Na cena em questão, o gesto das mulheres é acompanhado atentamente pelo olhar de um homem, captado no primeiro plano da imagem. O fragmento visual também denuncia a presença do fotógrafo, já que a personagem que faz a entrega do pacote e uma outra, que está posicionada no centro, estão olhando para a câmara. Enquanto alguns acompanham o acontecimento, outras olham para a câmara.

Com relação a Darcy Vargas, enquanto alguns olhares se dirigem para o fotógrafo e outros para ação, o seu olhar está concentrado na doação para a qual "olha sorrindo". Esse "olhar-sorrindo", no quadro da cena, pode ser interpretado como um sinal de agradecimento, em que olhando para a doação e sorrindo, a primeira-dama "agradece".

MULHER E POLÍTICA **161**

De acordo com Michelle Perrot (1998, p.8), "público" tem dois sentidos que particularmente se recobrem: "A esfera pública, por oposição à esfera privada, designa o conjunto, jurídico ou consuetudinário, dos direitos e dos deveres que delineiam uma cidadania; mas também os laços que tecem e que fazem a opinião pública". Com relação ao conceito de "mulher pública", para Perrot (1998, p.10) existem muitos meios, diretos ou não, de ser uma mulher pública, com a condição de dar a essa expressão certa extensão. Ser reconhecida como tal se revelaria mais difícil e suspeito.

As fotografias de Darcy Vargas nos três momentos aqui destacados de sua trajetória revelam a mulher pública que foi constituída pelo poder: uma mulher que trouxesse suas habilidades e qualidades privadas para o público; que usasse suas representações de mulher, docilidade, submissão, abnegação na sua relação com o poder e de poder na mobilização, na condução do trabalho das voluntárias e, por conseguinte, na formação da opinião pública favorável aos atos e feitos governamentais na Segunda Guerra Mundial; que emprestasse sua simpatia e o sorriso às causas assistenciais; que se mostrasse disposta a ajudar os homens e sua guerra; enfim, que se colocasse, de corpo e alma, a serviço da assistência.

Na construção dessa mulher pública, é possível identificar aquilo que Darcy Vargas emprestou e deixou à disposição do poder no exercício da presidente: suas habilidades pessoais, sua simpatia, sua maneira de ser, enfim, "seus gestos, posturas, olhares e comportamentos da mulher que ela era". Desses e com esses materiais, foram elaborados seus poderes "sociais, políticos e simbólicos", que ela utilizou no exercício de seu poder.

As voluntárias da defesa passiva antiaérea

Mencionou-se que o final de 1942 foi um período de intensa atividade na vida de Darcy Vargas. Naquele momento, as solenidades que marcaram a criação da Legião Brasileira de Assistência estiveram presentes na sua agenda como personalidade assistencial. Uma dessas solenidades ocorreu no Teatro Municipal por ocasião da "entrega dos diplomas para a primeira turma de voluntárias da defesa passiva", formada pela Legião Brasileira de Assistência. Em julho de 2001, no Rio de Janeiro, Francisca Wrigth foi entrevistada para esta pesquisa e reviu as imagens fotográficas da formatura da primeira turma de Voluntárias da Defesa Passiva Antiaérea da LBA, que integram a coleção de imagens do Acervo da Assistência Social na capital carioca (Creas).

São fotografias da LBA que sobreviveram ao tempo e que foram juntadas pelo Ministério da Previdência Social para compor um acervo de memória da assistência social no país.

Da coleção de imagens levadas para a entrevista, a atenção de Francisca incidiu sobre duas fotografias produzindo a narrativa, detendo seu olhar sobre elas. Sua seleção, conforme será possível identificar no depoimento, pode ser atribuída ao significado delas para a depoente. Conforme Ecléa Bosi (1987, p.27) "fica o que significa", e foi isso que Francisca mostrou no seu depoimento, ao construir significados para as fotografias. Estas foram algumas das fotografias escolhidas por Francisca:

Figura 11 – Formatura da primeira turma de Voluntárias da Defesa Passiva Antiaérea da LBA (Acervo do Creas).

MULHER E POLÍTICA 163

Figura 12 – Cecy Wrigth discursa na formatura da primeira turma de Voluntárias da Defesa Passiva Antiaérea da LBA (Acervo do Creas).

Ao examinar as fotografias, Francisca Wright afirmou que ela, sua irmã Constância Wrigth e sua cunhada, Cecy Wrigth, estavam presentes na solenidade de entrega dos diplomas. Francisca disse que elas freqüentavam os altos círculos da elite carioca, e muitas outras moças da sociedade se inscreveram para fazer o curso, a maioria da elite. Eram mulheres mencionadas freqüentemente nas colunas sociais da época, como as que aparecem ao fundo da segunda imagem, em pé e em lugar e posição de destaque, perto das bandeiras. Lamentou não conseguir achar-se na fotografia panorâmica (Figura 11), no entanto orgulhosamente identificou a cunhada Cecy como a moça que aparece discursando.

Ao examinar a foto das formandas no Teatro Municipal, Francisca comentou: "Foi muita mulher que se formou. Você vê, encheu o Municipal. Encheu aqui, a parte de baixo, encheu a segunda, a parte de cima [...] "Não sei se no resto do Brasil aconteceu a mesma coisa que aqui no Rio de Janeiro, porque em todos os lugares começou a aparecer gente querendo colaborar com o governo, porque estavam querendo atacar 'o nosso Brasil', o 'nosso Rio de Janeiro'". Afirmou ainda:

164 IVANA GUILHERME SIMILI

Você sabe que todo mundo estava em pânico naquela época, você não sabia se um daqueles submarinos ia aparecer e mandar um torpedo ou sei lá o que para cima da gente. Nós, como uma frente enorme marítima e, depois, pense bem: todos os que tinham dinheiro, todos que eram bem situados no Rio de Janeiro moravam na orla marítima, não é?

Ainda de acordo com Francisca, "eles [referindo-se aos responsáveis pela formação das voluntárias] nos instruíam debaixo daquele medo". Recordou que por três meses freqüentou aulas no prédio onde é hoje a Câmara dos Vereadores do Rio de Janeiro. Segundo ela, o curso era todo apostilado e compreendia aulas teóricas e práticas. Há até bem pouco tempo, relatou, guardou as apostilas, descartando-as porque achou que não serviriam para mais nada. Recordando-se do conteúdo desse material, disse que as apostilas instruíam as alunas sobre primeiros socorros e apresentavam desenhos de material bélico. Alguns dos artefatos de guerra eram levados pelos professores para serem mostrados para que elas pudessem identificá-los, caso os encontrassem pela cidade; outros artefatos conheceram somente pelos desenhos da apostila, como o canhão: "Nós fizemos curso de enfermagem, de primeiros socorros, aprendemos a marchar, que era para ter resistência. Até um fato engraçado é que eu era a mais alta do pelotão".

Francisca descreveu a roupa que trajavam no dia da formatura: "era uma 'calça-saia', porque naquela época não se podia andar de calça comprida, que não ficava bem". E completou:

Uma pessoa nos anos quarenta não podia andar de calças compridas, nem as feministas usavam. Então era calça-saia, com uma prega na frente, um dólmã mesmo de soldado? Não, porque ele vinha e tinha um cinturão... A gente tinha um quepezinho detestável. No braço tinha uma braçadeira e na cintura um cinturão de couro e, a tiracolo, também de couro, uma bolsinha que fechava com uma coisa meio brega. O uniforme era de linhão azul-acinzentado Eu usava uma camisa por baixo e a gravata que acho que era marrom. No quepe você tinha um distintivo da LBA. A gente foi fazer o uniforme onde eles mandaram, era num desses alfaiates de fazer farda. Nem sei mais. Eles deram a farda toda.

Depois de formada, recorda Francisca:

MULHER E POLÍTICA **165**

Nós fazíamos trabalho noturno fazendo o patrulhamento na rua, para ver se todas as janelas estavam apagadas. Nós morávamos na Urca, então eram casas, mas tinha prédios de apartamentos, só que muito pequenos. Se as luzes não estivessem apagadas, nós tocávamos a campainha, uma, duas, três vezes, para avisar, ou a gente, da rua, batia três palmas para avisar aos moradores que deviam apagar as luzes. Você não imagina o que foi este trabalho. Eu e minha irmã saíamos à noite para patrulhar as ruas. Cada uma ficava com uma rua. Minha irmã quis ficar com a nossa rua, que era a Avenida Pasteur, lá na praia vermelha, e eu fui para a Avenida... Ah! Meu Deus, os nomes! Então lá fui eu.... Certo dia foi muito esquisito, porque eu andava e ouvia "toc-toc" atrás de mim e eu dizia: "Ah! Meu Deus, estou sendo seguida". Deu pânico! Você não pode imaginar! Mas digo para mim mesma: "Um soldado não pode vacilar!". Eu, "toc-toc" e o outro, "toc-toc". De repente, eu me enchi de brios, me virei para trás e disse assim: "Adiante!", dando voz de comando, porque tudo você aprendia nas aulas: o que era um rifle, o que era um morteiro, o que era uma espingarda, enfim todas essas coisas e as palavras de ordem. Então dei "voz de comando" e ouço aquilo: "Sua cretina, sou eu!". Era o meu irmão gêmeo. Ele resolveu me seguir e o outro irmão seguiu a Constância. Porque eles tinham medo, você completamente no escuro porque as ruas ficavam vazias e as luzes apagadas. A partir do anoitecer não tinha mais ninguém na rua. Tinha que se recolher e nós não sabíamos se havia navio inimigo ou não.

Inspirada e motivada pelas fotografias, entre os lapsos da memória, entre as lembranças e os esquecimentos, Francisca Wrigth criou significados para as imagens a partir da experiência, no passado, de voluntária do corpo da Defesa Passiva Antiaérea. Em seu relato, ela colocou, na cena fotografada, seus personagens: a cunhada Cecy, afirmando que era ela quem estava discursando; a trajetória do curso: onde aconteceu, o que aprenderam e como aprenderam; a roupa usada, o trabalho realizado como voluntária, enfim, para as imagens petrificadas no tempo e criadas para um dado campo de visão e de versão sobre a formatura, Francisca nelas colocou nome e experiência, portanto vida.

O depoimento de Franscisca Wright reforça o papel desempenhado pelas voluntárias da defesa passiva no espaço público. Revela a maneira como o curso, ao visar à formação de voluntárias para "cuidar da população e seus bens", proporcionou o contato com conhecimentos

166 IVANA GUILHERME SIMILI

e práticas até então restritos aos homens e às suas guerras, tais como armamentos, estratégias e disciplinas.[8] Foi por intermédio do curso e da atuação no voluntariado que as mulheres puderam ter contato com um tipo de disciplina física e mental que incluiu o aprendizado de práticas e de hábitos militares até então estranhos ao universo feminino, como o de aprender a marchar, a absorver a linguagem e os conhecimentos técnico-militares sobre armas e ações: aprendendo a colocar no lugar do medo, a coragem e a ousadia; foi o primeiro contato de mulheres com vestimentas e acessórios, os quais, embora adaptados à realidade feminina, como o uso de calça-saia, em nada lhes era familiar.

No arquivo Capanema, no CPDOC, os documentos sobre a Defesa Passiva da Legião Brasileira de Assistência é esclarecedora acerca dos pontos comentados por Francisca. De acordo com o documento: "As voluntárias pertencentes ao 'Corpo de Voluntárias', durante o Curso de Defesa Passiva, serão sujeitas (sic) a *um regime da mais estrita disciplina, sendo eliminadas do 'Corpo de Voluntárias' sumariamente* quando, a critério da Direção, revelarem falta de requisitos morais, indisciplina, derrotismo, negligência no curso" (grifo no original).[9]

Além da disciplina militar a serviço da pátria aplicada às mulheres, o documento ainda aponta para a orientação dada aos instrutores de procederem à exclusão dos perfis femininos que, no transcorrer do curso, apresentassem atitudes morais e emocionais incompatíveis com o estilo traçado para as voluntárias da Defesa Passiva. Lembrando as palavras do coronel Orozimbo, nos dois principais atos solenes – da criação do curso e na formatura –, as mulheres deviam ser "altruístas, obedientes, abnegadas e devotadas".

É possível identificar, no Curso de Defesa Passiva, as influências dos conceitos e práticas pedagógicas de militarização da educação defendidos pelas Forças Armadas desde os anos 1930, e que se intensificaram a partir de 1937 com o Estado Novo. De acordo com aquela proposta pedagógica, seria objetivo da educação a inculcação

---

8   Ao enfocar o patrulhamento nas ruas, Francisca está se referindo aos blecautes nas cidades (cf. Cytrynowicz, 2000).
9   Arquivo Gustavo Capanema, CPDOC-FGV (Caixa: GC.A2.09.10. A).

MULHER E POLÍTICA 167

da disciplina, da obediência, da organização, do respeito à ordem e às instituições, do respeito à hierarquia e o amor à pátria. Trata-se de concepções que se tornam caras e são exploradas pela ideologia de guerra, educando os homens e mulheres para transformá-los em "soldados da Pátria" (Schwartzman et al., 2000, p.84-90).

Os documentos de Capanema também são reveladores dos teores de que se revestiram os ensinamentos que condicionaram a disciplina das condutas femininas e o uso dos uniformes. Na formação voluntária, previa-se a transmissão de conhecimentos sobre artefatos e problemas relacionados às armas e aos bombardeios, para a ação de neutralização dos efeitos sobre a cidade e a população; havia também preparação física, com caminhadas e exercícios, com o propósito de tornar as mulheres aptas para o desempenho de suas funções em situação de emergência, e técnicas acerca de como atuar nos primeiros socorros. Preconizava-se também que somente depois de diplomadas as voluntárias receberiam a "insígnia". Uma avaliação das aptidões as encaminharia para os locais onde prestariam os serviços de defesa pública. Portanto, os conhecimentos e os condicionamentos físicos e psicológicos disciplinam ações e condutas.

No período de 1942 a 1945, segundo estimativas da Legião Brasileira de Assistência, a instituição formou mil voluntárias, as quais formaram o "corpo de voluntárias da defesa passiva" (*Boletim Memória da Assistência Social*, s. d, p.8).[10]

Foi observado que uma das estratégias colocadas em ação por Darcy foi a realização de diversas campanhas para obter doações. Para os soldados, entre as campanhas feitas, destaca-se a do "cigarro para o combatente". Os documentos existentes revelam que àquela prática da presidente associava-se outra: a distribuição dos materiais coletados com as doações da sociedade, das empresas e escolas, sob a forma de "brindes e presentes", para os soldados aquartelados que aguardavam o momento da partida para o *front* de guerra. A distribuição era realizada pelas voluntárias da Defesa Passiva Antiaérea.

---

10 No *Boletim*, consta que um milhão de brasileiras integraram o corpo de voluntárias. Considera-se que houve erro na redação do número.

Esses momentos da campanha foram registrados em fotografias que mostram como o trabalho das voluntárias foi empregado pela instituição.

Figura 13 – Voluntária distribui material obtido por meio de doações (Acervo do Creas).

Essa fotografia pertence ao acervo fotográfico da Memória da Assistência Social (Creas) e integra a coleção de quinze imagens que tematizam a entrega de "algo" pelas voluntárias da Defesa Passiva para os soldados.

Para Peter Burke (2000), as fotografias não devem ser aceitas imediatamente como espelhos fiéis dos fatos. Como os demais documentos, elas seriam plenas de ambigüidades, portadoras de significados não-explícitos e de omissões pensadas, calculadas, aguardando a competente decifração. Boris Kossoy (2001) completa essa reflexão afirmando que o potencial informativo poderá ser alcançado à medida que esses fragmentos forem contextualizados na trama histórica, em seus múltiplos desdobramentos (sociais, políticos, econômicos, religiosos, artísticos, culturais) que circunscreveram, no tempo e no espaço, o ato da tomada do registro. Caso contrário, essas imagens permanecerão estagnadas em seu silêncio: fragmentos desconectados da memória, meras ilustrações "artísticas" do passado.

Na fotografia em questão, a imagem foi captada no momento em que uma voluntária fazia a entrega de fósforos a um soldado, posicionado no primeiro plano da imagem. Cena esta observada por dois

MULHER E POLÍTICA **169**

militares que aparecem com roupas claras, distintas daquelas usadas pelos soldados que recebem os objetos. Um olha mais atentamente para o que está acontecendo na sua frente, o outro olha para outra direção, trazendo na fisionomia uma expressão meio irônica.

"O espaço militar sempre foi um santuário masculino." Conforme Michelle Perrot (1998, p.117), "o militar, o religioso, o político, como as três ordens da Idade Média, constituem três santuários que fogem às mulheres". Nas imagens, estão vestígios de um compartilhamento do espaço militar possível de ser vivenciado pelas mulheres e pelos homens na guerra. No espaço dos homens, as mulheres podiam entrar, desde que para agradar e confortar aqueles que estavam se preparando para enfrentar um campo de batalha. Lugar de homem e de mulher, papéis de um e outro na guerra estão representados na imagem: para o soldado, a preparação para a batalha no espaço militar; para a voluntária, aquela que levava conforto àqueles com brindes e presentes, como forma de abrandar a ansiedade que precedia a partida para o *front* de guerra.

Isso posto, a presença dos militares que acompanham a cena da distribuição dos objetos pelas voluntárias aos soldados pode ser interpretada como um dos recursos colocados em ação nos quartéis visitados pelas mulheres.

Os registros existentes acerca da atuação das voluntárias da Defesa Passiva no patrulhamento das ruas, bem como nas campanhas para os soldados e em outras comandadas por Darcy Vargas na Legião Brasileira, tais como a "borracha usada", as "Horta da Vitória e dos clubes agrícolas", que não serão exploradas neste trabalho, carregam significados importantes para a história das mulheres na Segunda Guerra Mundial. Foi nesse período que o espaço público abriu-se à participação das mulheres, possibilitando-lhes o contato e a abertura de novos conhecimentos. Para as mulheres, não há dúvida de que a guerra incrementou suas vidas com outras atividades e formas de sociabilidades na vida pública. Enfim, as fotografias da atuação das voluntárias invocam as mudanças proporcionadas pelo trabalho voluntário no cotidiano das cariocas.

Outro significado importante é que as voluntárias transformaram-se nas principais propagandistas da primeira-dama e da LBA. Elas passaram a carregar nos seus corpos a propaganda de Darcy e

170 IVANA GUILHERME SIMILI

da instituição. Por intermédio delas, o espaço público enchia-se com Darcy Vargas e com a instituição.

Por parte das voluntárias, o recurso ao trabalho nas campanhas evidencia um mecanismo importante colocado em ação pela presidente e pela LBA. A disciplina e a obediência foram os princípios usados na formação dessas mulheres. A participação no patrulhamento das ruas e nas campanhas da instituição indica que essas voluntárias transformaram-se em instrumentos úteis para a transmissão de determinados hábitos e comportamentos na população. Ao irem para o espaço público para patrulhar as ruas ou distribuir "objetos" para os soldados nos quartéis, elas contribuíam com sua presença e participação para a introjeção de hábitos e comportamentos disciplinados: obediência às ordens, disposição em ajudar.

Como voluntárias, essas mulheres evidenciam na prática as representações que estavam nelas incorporadas, tratando-se, portanto, de "mulheres obedientes, dóceis, gentis", bem ao gosto dos homens e do poder masculino: dos homens reais e imaginários, governamentais, estatais e daquilo que a presidente queria nas mulheres para serem as suas "voluntárias" e da imagem que Darcy Vargas queria para sua instituição.

Da presidente para os soldados: "O livro e a carta"

Observei no Capítulo 1 que, durante a Segunda Guerra Mundial, Darcy Vargas sofreu um golpe na vida privada que foi a morte do filho caçula, Getulinho, ocorrida em fevereiro de 1943. Indiquei também que, para vivenciar o luto, Darcy se entregou ao trabalho de criação de uma memória para o filho, colecionando materiais que pudessem acalentar sua dor e sofrimento.

Em duas campanhas promovidas pela primeira-dama para os soldados, as quais estão relacionadas ao incentivo da leitura e escrita de cartas, encontram-se os sinais de práticas introspectivas que foram produtoras de uma intensa mobilização feminina de vários segmentos sociais e faixas etárias.

Uma delas foi a "Campanha do livro para o combatente", realizada com o objetivo de conseguir livros, revistas e publicações junto à população para a composição de "bibliotecas ambulantes" para os soldados.

MULHER E POLÍTICA **171**

A concepção e a natureza da biblioteca criada pela LBA para os soldados podem ser conhecidas e avaliadas na descrição feita por Ana Amélia Queiroz Carneiro de Mendonça, que, em 1943, era conselheira da LBA e que, pela posição ocupada, foi entrevistada pela *Revista Cultura Política*[11] Segundo informava, as bibliotecas ambulantes haviam sido concebidas nos moldes da *bibliotèque du soldat* do Estado Maior do Exército suíço, durante a ocupação da fronteira entre 1914 e 1919. A "biblioteca ambulante do soldado" da LBA era constituída por caixas-estantes com aproximadamente cinqüenta livros de vários gêneros – romances em sua maioria e de história, geografia, viagens, biografias, ciências. Com a biblioteca, pretendia-se "levar ao soldado brasileiro uma leitura amena e instrutiva, que lhe estimule o hábito de recorrer ao livro em suas horas de descanso".

Quanto à forma de acesso dos soldados aos livros, segundo Ana Amélia, a biblioteca visitava as tropas, permanecendo cerca de um mês em cada tropa. Depois, seguia um itinerário preestabelecido: percorria dois ou mais corpos vizinhos, e os livros eram posteriormente devolvidos à sede para a recomposição da biblioteca. Cada vez que a biblioteca se deslocava, os livros eram vistoriados. Em caso de extravio de algum, era substituído. Com a biblioteca, era anexado um questionário que os soldados deveriam responder sobre a leitura. Com o conhecimento dos gêneros apreciados pelos soldados, era possível adaptar o acervo da biblioteca aos gostos dos soldados.[12]

---

11 Ana Amélia Carneiro de Mendonça era uma mulher de grande expressividade nos anos 1940, no âmbito do feminismo e do movimento estudantil. Ela pertencia aos quadros da Federação Brasileira para o Progresso Feminino, instituição criada em 1922 por Bertha Lutz. Em 1943, ela era membro do Conselho Consultivo da Legião Brasileira e, em razão da posição ocupada, foi entrevistada pela *Revista Cultura Política* (n.31, ago. 1943). Na entrevista, além de deslindar aspectos importantes da obra assistencial de Darcy Vargas, ela informa sobre a posição das feministas acerca do papel da mulher na guerra.

12 Há indícios, nos documentos, que, após a partida dos soldados para o *front*, a biblioteca da LBA foi deslocada para o campo de batalha, a fim de que os livros ficassem à disposição dos combatentes. Notou-se, na documentação, que a leitura dos soldados é um aspecto salientado nas representações imagéticas, o que sugere preocupação da instituição em relação a isso. Nesse sentido, a campanha do Livro do Combatente e a Biblioteca do Soldado são significativas.

No relato de Ana Amélia, está a concepção de Darcy Vargas sobre aquilo que a assistência aos soldados devia contemplar: a leitura de livros amenos na hora do descanso e livros estimulantes do hábito da leitura. Por ser Ana Amélia quem traça o projeto da Biblioteca do Soldado, representando a LBA como uma das integrantes do corpo de conselheiras, é provável que sua participação na campanha tenha sido fundamental para mobilizar as mulheres e desenvolver o projeto. Ressalta-se que ela era um dos expoentes do feminismo dos anos 1940 e que talvez com o apoio das feministas tenha participado ativamente na criação da biblioteca.

Quanto aos livros arrecadados na campanha, segundo Lobivar Matos (1945, p.3), no Distrito Federal 45 mil volumes diversos foram coletados e, após selecionados, passaram a constituir as "bibliotecas ambulantes".

Como os registros das campanhas transformaram-se em uma das práticas da presidente, para a campanha do livro do combatente foram produzidas imagens como as destacadas a seguir.

Figura 14 – Darcy Vargas entrega os livros (Acervo do Creas).

Figura 15 – Um soldado recebe de Darcy Vargas um livro (Acervo do Creas).

Do rol de fotografias existentes no acervo de memória da assistência social, foram selecionadas para análise essas duas, porque se considera que elas constituam uma seqüência que permite dimensionar o significado que a campanha do livro teve no quadro da instituição. Trata-se de fragmentos visuais obtidos no mesmo dia. Nelas estão sinais de dois momentos e etapas da campanha. A primeira registra o momento do recebimento da doação de livros que estão acumulados ao fundo; a segunda refere-se a um outro ato, a entrega do livro para um soldado, "em mãos" pela presidente. Nas duas, Darcy está sorrindo.

No exame das fotografias que integram a memória da Legião Brasileira de Assistência, identificou-se que no centro narrativo dos materiais imagéticos estão as mãos das personagens retratadas. Nessas fotografias, como em várias outras, são as mãos que recebem, se tocam em sinal de agradecimento, entregam algo e aparecem com força.

Por esse conteúdo presente nas imagens, as mãos e os gestos que acompanham sua movimentação passam a deter e a conter significado. Nessas fotografias, na mão que entrega e naquela que recebe há uma comunicação entre as personagens que se completam com as fisionomias dos atores, principalmente a de Darcy Vargas, que "faz a entrega, sorrindo", em uma clara demonstração de satisfação.

Uma imagem de presidente satisfeita e realizada é o que ambas as fotografias sugerem em proporções diferentes. Considerando a

174 IVANA GUILHERME SIMILI

imagem da presidente visível nos fragmentos da campanha e a versão construída de que ela conseguiu arrecadar 45.000 livros, parece que Darcy tinha motivo e razão para sorrir.

Considerando, ademais, que a composição de uma biblioteca envolve diferentes trabalhos e que era objetivo da instituição levar os livros até os quartéis para a leitura dos soldados, fica implícito nas informações o envolvimento de um número significativo de mulheres. Na falta de informações sobre o contingente de mulheres que participaram no projeto da biblioteca, mas tendo em conta as atividades que envolvem sua preparação – a catalogação de livros e a criação de mecanismos de controle, dada a espécie que a LBA criou, com circulação pelos quartéis –, é provável que muitas mulheres tenham se tornado "bibliotecárias" na e da instituição.

Em 1944, ocorreu a partida dos soldados para o *front* de guerra, compondo a Força Expedicionária Brasileira, bem como a permanência deles no campo de batalha até o término da Segunda Guerra Mundial, em 1945.

Durante o período de permanência dos soldados na guerra, as estratégias assistenciais, tendo em mira os soldados, também se modificam. Nesse sentido, adquire clareza a criação do *Boletim da Legião Brasileira de Assistência – Especial para os expedicionários*, em 1945, que passou a ser o "órgão oficial de divulgação" da instituição e de comunicação entre a presidente, a instituição e os soldados. A produção dos boletins esteve relacionada ao nome de Lobivar Matos, que era poeta, escritor e jornalista.[13] A publicação era quinzenal e sobreviveram ao tempo os números relativos ao ano de 1945, sendo o primeiro relativo ao mês de janeiro.

Pode-se afirmar que, com a criação do *Boletim*, era instituído, pela Legião Brasileira de Assistência, um importante meio de propaganda. Notas e recados das mães, esposas, filhas, namoradas e noivas passaram a ser neles veiculados; pedidos de informação dos soldados

---

13 O trabalho de Lobivar Matos na produção dos boletins da LBA possibilitou a publicação de dois livros-documentários: *O natal dos expedicionários no* front e *A Legião Brasileira de Assistência e os soldados do Brasil*. Dessa produção, foi localizado apenas o segundo, na biblioteca do Congresso norte-americano, em Washington. No Brasil, não restaram exemplares desses trabalhos.

sobre seus familiares e destes para os soldados eram transmitidos; e fotografias da família remetidas para os soldados no *front*.

A campanha que movimentava as notícias nos boletins era para que os soldados escrevessem: "A sua esposa, a sua noiva, a sua irmã, os seus pais precisam de notícias. Escrevam sempre. As cartas confortam e fazem bem".

Para incentivar a escrita masculina, as estratégias empregadas foram discursivas e imagéticas. Em alguns casos, as mensagens eram acompanhadas pelas fotografias das esposas com os filhos, alguns ainda não conhecidos pelo pai; de mães com os filhos que estavam longe dos pais, de filha para o pai, de namoradas e noivas, como a indicada a seguir.

Por tratar-se de uma fotografia que circulou no *Boletim da LBA* com o objetivo de incentivar a escrita de carta, possuía um propósito propagandístico nítido: mostrar a adesão e provocar a produção de cartas pelos familiares. Justamente pelo aspecto propagandístico, a fotografia selecionada, para ser veiculada, deveria produzir significados em seus leitores. E a foto escolhida foi a de uma noiva fazendo o depósito de correspondência em uma caixa. A legenda da imagem informa tratar-se do momento em que Ruth Cerqueira Botelho fazia o envio da carta ao noivo, afirmando serem esses os dizeres: "Ernesto: recebi seu telegrama. Fiquei satisfeita. Escreva-me sempre. As saudades são muitas".

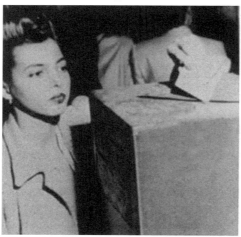

Figura 16 – Mulher deposita em uma caixa correspondência ao noivo.

As frases do telegrama, o olhar e o gesto de Ruth dizem muito. Observa-se, na imagem, que há uma intensidade no olhar de Ruth sobre o telegrama e que acompanha o gesto de colocação dele na caixa de correspondência, projetando, em seu olhar, a vontade de colocar-se dentro e junto dele, para chegar até o outro lado da Terra onde estava seu amor, o noivo.

De todas as formas, o objetivo almejado com as notícias e as imagens era o de motivar a escrita de cartas pelos soldados aos seus entes queridos: filhos, esposas, mães, namoradas, noivas etc.

O incentivo à escrita de carta, pelos homens, contou com um ingrediente a mais, com a "campanha da madrinha do combatente". Criada por Darcy Vargas logo após a partida dos soldados, a campanha pretendia conquistar mulheres que aceitassem adotar um soldado como afilhado, "mantendo com eles constante correspondência e de atendê-lo com presteza em tudo que estiver ao seu alcance". Na campanha, a carta foi concebida "como meio de abrandar a saudade e a tristeza dos soldados, causada pela distância e quando estavam enfrentando um front de guerra" (*Boletim...*, jan. 1945, p.3).

Na campanha que deveria atingir os soldados e as mulheres, intitulada "Madrinha do combatente", os investimentos realizados podem ser dimensionados pela produção de cartazes e mensagens veiculados nos boletins, visando à adesão dos sexos em sua proposta.

No cartaz-propaganda produzido pelo DIP, o lema da campanha é metaforizado ao mostrar, no primeiro plano da imagem, um soldado fazendo a leitura de uma carta e, no segundo plano da imagem, a silhueta de mulheres e as crianças. No centro, logo abaixo da frase "Alguém protege teu lar", uma figura feminina que abraça a mulher. Percebe-se, claramente, como Darcy Vargas e as mulheres da Legião Brasileira de Assistência foram produtoras de imagens e representações para o trabalho feminino em tempos de guerra, como as "guardiãs da família dos soldados".

No cartaz-propaganda e nos boletins, a adesão masculina é incitada com mensagens que lembravam os soldados: "Ainda é pagão? Mande uma carta à LBA e logo arranjará 'madrinha de guerra'". Outras eram de advertência: "Tanto as 'madrinhas' como os 'afilhados' têm obrigações recíprocas. Não é justo, pois, que vocês deixem de responder às cartas das madrinhas".

Figura 17 – Cartaz da campanha "Madrinha do combatente".

Era Darcy Vargas quem intermediava o primeiro contato entre os soldados e as madrinhas. Para conseguir a madrinha, era necessário que o soldado escrevesse para a primeira-dama: "quando não puder escrever, deverá pedir a um colega que o faça por si". Encaminhada a carta e encontrada a madrinha, começavam as "obrigações recíprocas":

> logo que receber a carta da madrinha, a primeira obrigação do "afilhado" é respondê-la, sem demora, para evitar as reclamações que têm chegado à LBA, nesse sentido. Aliás, não é justo que os "afilhados" depois de pedirem "madrinhas" se esqueçam de que os deveres são mútuos. (Boletim..., 1945)

Boris Schnaiderman (1995), no livro de memória *Guerra em surdina. Histórias do Brasil na Segunda Guerra Mundial*, produziu narrativas acerca das cartas e do papel que elas desempenharam no *front* de guerra.

178 IVANA GUILHERME SIMILI

Ao abordar o relacionamento, por carta, entre um capitão e sua esposa, Schnaiderman (1995, p.120-1) escreveu:

O capitão procura recordar os acontecimentos dos últimos dias, para ver o que se pode pôr numa carta para Verinha. Mas tudo é tão cinzento, igual, desanimador. E a Verinha precisa de cartas que a estimulem, que lhe dêem a ilusão de que seu marido está bem e em plena segurança. E as mentiras vão se aglomerando no papel. [...] Vontade de desabafar com Verinha, de escrever-lhe sobre aquela guerra estúpida, sobre a sua solidão e desespero, sobre as granadas uivando por cima da casa. Ora, bobagem, é preciso ser forte. Por isso mesmo, fazendo um esforço tremendo, o capitão escreve uma página literária sobre o castelo em que esteve alojado poucas semanas atrás.

Schnaiderman (1995) narra a dor e o sofrimento de um capitão, pois a mentira ou a fantasia se tornavam necessárias na composição das cartas enviadas para a esposa, para evitar que esta se preocupasse. Em outro trecho do livro, ele enfoca a censura que as correspondências sofriam:

O tenente Rui chega à janela, para ajeitar melhor a lona que cobre as vidraças quebradas. Acende a lanterninha e lê mais uma vez a última carta de casa. Como soam bem, como soam gostoso, as palavras de Olguinha! Olguinha morena, Olguinha boa, com quem se casou, por insistência dela, dois meses antes do embarque. E como é doce saber de todas as pequenas notícias daquele mundo distante! Olguinha está fazendo um pulôver para ele, mamãe já mandou um capuz de lã, os jornais falam muito nos feitos da FEB. Você esteve em... Um trecho da carta foi cortado pelo censor, que fez ali um buraco. Que pena. Isto sim, é que é despropósito! Que mal havia em deixar na carta mais um pouco da prosa cheia de carinho de Olguinha? Ela nunca escreveria algo perigoso. (ibidem, p.111)

Ao referir-se à censura, Schnaiderman revela a importância que a comunicação, por carta, tinha no universo masculino da guerra e a ambigüidade proporcionada pelas correspondências. Elas permitiam aos soldados o contato com os afetos que haviam deixado na terra de origem. Expressão da distância, as cartas materializavam nas palavras as lembranças dolorosas e sofridas, mas também amenizavam a dor.

MULHER E POLÍTICA 179

O autor não escreveu uma linha sequer sobre a Legião Brasileira de Assistência ou sobre a "Madrinha do combatente", campanha criada pela instituição para a produção e envio de cartas de mulheres aos soldados.

Este fragmento, no entanto, sugere tratar-se de carta recebida por um soldado de uma madrinha da campanha de Darcy Vargas:

> Recebem-se às vezes cartas de desconhecidos, que, na maior parte, contribuem apenas para frisar a distância entre o mundo dos soldados, o terra-a-terra monótono, nem sempre compreensível, e a imagem grandiloqüente de uma guerra bonita e justa, incutida nos jornais. Alípio recebeu a seguinte cartinha: "Querido expedicionário: Não sei quem você seja, mas não importa. Na sua pessoa, quero expressar a minha gratidão os valores patrícios, que estão em terra estrangeira para vingar os nossos mortos. Mate muitos alemães, para maior glória de nossa bandeira, enquanto aqui ficamos rezando por vocês. Espero uma resposta sua. Tenho doze anos, sou morena, de olhos castanhos e cintura fina. Escreva-me sem falta, sim? Da sua amiguinha desconhecida. Alice. (ibidem, p. 89)

Comparada essa descrição com aquelas em que o autor retrata as cartas recebidas pelos expedicionários de suas esposas, a diferença é nítida. Tratava-se de correspondência de uma desconhecida, que tinha doze anos de idade e que reproduzia, em sua escrita, a ideologia de guerra veiculada principalmente pela imprensa. Distante da realidade da guerra vivenciada pelos homens, é o universo da imaginação e fantasia adolescente que a carta retrata.

O aspecto significativo da carta de Alice e das mensagens veiculadas nos boletins acerca das "madrinhas dos combatentes" demonstram como, incentivando a correspondência entre homens e mulheres, criavam-se as condições para as fantasias e os romances amorosos. De um lado, estavam homens solitários e carentes; de outro, adolescentes e jovens, dispostas a estabelecer contato e confortar os soldados. Quantos homens e mulheres se apaixonaram por correspondência é uma pergunta que fica em suspenso, e isso, em razão dos limites deste texto, não será aprofundado.

180 IVANA GUILHERME SIMILI

Os homens e suas guerras; as mulheres e seus dramas

É importante lembrar que o plano traçado pelo Estado e pelo empresariado para a Legião Brasileira de Assistência e que foi posto nas mãos de Darcy Vargas para ser executado tinha como finalidade a ampliação do serviço social e da assistência social. Foram objetivos traçados: a) proteger a maternidade e a infância; b) amparar os velhos e desvalidos; c) prestar assistência médica, em todas as modalidades, às pessoas necessitadas; d) favorecer o reajustamento das pessoas moral e economicamente desajustadas; e) contribuir para a melhoria da saúde do povo brasileiro, atendendo principalmente ao problema alimentar e de habitação; f) incentivar a educação popular, inclusive cooperando na criação e no desenvolvimento de escolas, bibliotecas e outras instituições educativas; g) desenvolver esforços em favor do levantamento do nível de vida dos trabalhadores e promover o aproveitamento racional dos lazeres do povo, principalmente estimulando a organização de centros de recreação e cultura; h) auxiliar, sempre que possível, as instituições especializadas, cujos objetivos tenham afinidades com os da LBA; i) realizar inquéritos, pesquisas, estudos sobre matérias do serviço social, particularmente as relacionadas com as atividades da LBA; e j) organizar os cursos e promover todas as formas de propaganda em favor do progresso do serviço social no Brasil.

O aspecto salientado por Cézar Honoratto (1998, p.223-42), ao enfocar o percurso da assistência social, foi o papel da primeira-dama da LBA e da filha, Alzira, no desenvolvimento da profissionalização das assistenciais sociais, ao promoverem cursos e participarem da criação de escolas especializadas para a formação daquelas profissionais. Alzira Vargas, em 1944, criou, em Niterói, a Escola de Serviço Social de Niterói, atual Faculdade de Serviço Social da Universidade Federal Fluminense. Foi também em 1944, no Rio de Janeiro, criado o primeiro curso público de serviço social, a Escola Técnica de Assistência Social Cecy Dowsdworth.[14]

---

14   Há uma extensa produção sobre assistência social no governo Vargas, particularmente para o período do Estado Novo, como Iamamoto & Carvalho (1991) e Belfiore et al. (1975).

MULHER E POLÍTICA 181

O que fica implícito no programa traçado para a instituição e no aumento observado no período de escolas superiores de serviço social é a articulação existente entre a trajetória da LBA no período e o impulso da profissionalização das assistentes sociais, aspecto tangenciado quando foram mencionados os cursos oferecidos pela instituição e quando se ressaltou que um dos primeiros havia sido realizado com o objetivo de formar "visitadoras e auxiliares sociais".

Que a guerra afeta diferentemente os homens e as mulheres não parece haver dúvida. Uma das conseqüências da guerra é que, com a saída dos homens do grupo familiar, as mulheres – esposas e mães de família – têm de assumir outros encargos e responsabilidades, inclusive de sobrevivência.

Nesse sentido, este registro de Boris Schnaiderman (1995, p.10) é esclarecedor: "No Ministério da Guerra, um sargento perguntava aos convocados: 'É casado? Tem filhos?'. E tal interesse pela família do convocado não prenunciava nada de animador".

Nesse fragmento, estão os indícios dos controles do Estado sobre os homens que partiriam para o *front* e para o programa assistencial governamental, à medida que tais perguntas permitiam produzir informação sobre os soldados e os problemas sociais decorrentes da guerra.

Nas respostas dos soldados às perguntas a eles dirigidas, vislumbra-se uma personagem: a mulher, a esposa e a mãe de família, pois, com a saída da figura masculina da família, eram elas que teriam de assumir a responsabilidade de administrar a sobrevivência familiar e a educação dos filhos.

De acordo com Manoel Tomaz Castelo Branco (1960), a população masculina que aceitou integrar a FEB, inscrevendo-se como voluntária, e que, em maio de 1944, partiu para o *front* pertencia aos segmentos pobres. A maioria era analfabeta, desempregada ou trabalhava no campo. Para garantir a sobrevivência familiar da população mobilizada, o Decreto-Lei nº 5.796, de novembro de 1943, definiu os soldos que seriam pagos para os soldados durante sua permanência no *front*. Ficou estipulado que os militares em missão no estrangeiro teriam remuneração pelo triplo das fixadas em lei. As despesas de alojamento e alimentação correriam por conta do Estado (ibidem).

182 IVANA GUILHERME SIMILI

Esposas e mães pobres viram maridos, pais e filhos partirem para o *front* de guerra. Ao referir-se à partida do primeiro batalhão, em 1944, Boris Schnairderman (1995, p.32) escreveu: "O monstro que estava à espreita no cais engoliu numa noite 5.075 homens". Segundo Castelo Branco (1960, p.325), aproximadamente 25.500 homens participaram da Segunda Guerra Mundial, e, durante os onze meses de combate, 10.776 homens passaram pelos hospitais com ferimentos, e o número de mortos nos hospitais foi de 49, o que equivale a uma média diária de 32,7%.

Na perspectiva das mulheres, esses dados são importantes porque permitem avaliar, ainda que tangecialmente, o número de esposas e mães que ficaram sozinhas e tiveram de assumir os encargos e as responsabilidades familiares. Associado a esse fato, para muitas dessas mulheres, a guerra se tornaria uma realidade presente e futura. Muitas não veriam novamente seus maridos e pais de seus filhos; para outras, o retorno deles seria marcado pelo sofrimento de ter que deparar e conviver com um homem mutilado, inválido para o resto da vida pelos danos e traumas visíveis e invisíveis provocados pelo conflito mundial.

Parte da história das esposas e mães dos soldados ficou inscrita na trajetória da Legião Brasileira de Assistência. Como uma instituição criada pelo Estado para a prática da política assistencial governamental de "prestar assistência aos soldados e seus familiares", a entidade se transformou no ponto de encontro entre as mulheres "desamparadas" com as "mulheres da instituição" e suas soluções.

Foi essa relação que a LBA e Darcy Vargas, na presidência, promoveu e desenvolveu, e é ela que ficou inscrita no "Serviço de Assistência à Família do Convocado" da Legião Brasileira de Assistência, ou SAFC.

Em abril de 1944, foi publicado pela *Revista Cultura Política* o artigo "O que é o Serviço de Assistência à Família do Convocado da LBA", por intermédio do qual é possível acompanhar a estrutura montada na instituição que visava ao atendimento das famílias, leia-se das "mulheres", que procuraram a instituição ou foram por ela assistidas. "Promover o reajustamento das famílias dos combatentes que com a guerra foram desajustadas, nos aspectos econômico, sanitário, judiciário, educacional e moral" foi o objetivo fixado. O SAFC era

MULHER E POLÍTICA 183

composto por uma superintendência, seu órgão diretor, pelo Conselho Deliberativo e pela secretaria, Seção de Autorização de Suprimentos, Seção de Postos, Seção de Assistência Educacional e Seção Administrativa Judiciária e Arquivo.

Com relação ao funcionamento do serviço, o texto descrevia a rotina burocrática adotada no atendimento às famílias, destacando o papel desempenhado pelas visitadoras. De acordo com essa rotina, a assistência aos mobilizados e seus familiares acontecia após o cumprimento de uma burocracia que tinha origem no ato de o convocado procurar pelo serviço, pelo preenchimento de fichas com dados relativos ao solicitante, as quais eram remetidas às visitadoras, que se incumbiam da realização das visitas domiciliares: "As visitadoras, que geralmente são voluntárias, realizam visitas domiciliares e, num relatório confidencial, registram tudo o que lhes foi dado observar relativamente à situação econômica, sanitária, educacional, judiciária e moral das famílias". Portanto, mulheres que eram incumbidas de saber sobre a outra, a mãe e a esposa da família do soldado.

Os conceitos e práticas assistenciais do SAFC também foram expostos no artigo. Quanto à assistência econômica, a prática da instituição foi a fixação de uma cota para a família do combatente, sendo "50% transformada em gêneros alimentícios, os quais eram retirados do armazém do SAPS (Serviço de Assistência da Previdência Social), mediante apresentação de um talão fornecido pelos postos da LB às famílias assistidas". Quanto aos outros 50%, eram entregues aos "chefes dos postos" que passavam a administrar a vida da família, decidindo como essa cota deveria ser empregada no pagamento das contas dos "beneficiários", como aluguel, contas de padaria, leiteria, armazém etc.

A assistência sanitária era prestada em decorrência da constatação de que as "famílias dos convocados sempre têm um ou mais membros enfermos. E há portadores de moléstias contagiosas vivendo em promiscuidade pelas favelas e morros cariocas". Com o propósito de atender essa população, o SAFC fazia o encaminhamento da família para os postos de saúde, hospitais, entre outros. A matrícula dos filhos dos convocados nas escolas e o registro civil das crianças eram os objetivos da LBA com a assistência educacional. Finalmente, com

184 IVANA GUILHERME SIMILI

a "assistência judiciária e moral", pretendia-se solucionar questões jurídicas e judiciais. Os registros civis de menores e adultos, as carteiras de identidade, a legalização de casamentos e a resolução de problemas, como "abandono familiar", foram serviços instituídos como o objetivo de "levantar o moral e o ânimo" daqueles que se encontravam na base da sociedade e não conheciam seus direitos.

O balanço realizado por Rodrigo Octávio Filho no relatório acerca das atividades institucionais no período de 1942 a 1943 traz indicadores do atendimento realizado no período. Segundo informava, no Distrito Federal havia oitocentas pessoas "colaborando permanentemente" no atendimento às famílias. Até 23 de julho de 1943, 2.828 famílias haviam sido visitadas, e, desse total, 2.028 estavam sendo assistidas, produzindo a cifra de 4.386 adultos e 4.369 menores. De janeiro a julho de 1943, os gastos com a assistência tinham sido de um *milhão de cruzeiros*, uma média mensal de 35 cruzeiros *per capita*.[15]

As informações sobre as concepções e práticas do Serviço de Assistência à Família do Convocado (SAFC) e o levantamento produzido por Rodrigo Octávio são esclarecedoras sobre o universo das mulheres dos soldados: da pobreza e dos problemas a ela associados, de cidadania, direito à educação, à sobrevivência, à saúde. As mulheres que ficaram dependentes da ajuda do Estado tiveram suas vidas vasculhadas pelas "visitadoras e auxiliares sociais" da instituição e foram controladas por um "chefe de posto de serviço" que decidia como o dinheiro devia ser aplicado, ou seja, o que precisava ser pago. Elas tiveram de se submeter às redes e às grades institucionais para obter a garantia de seus direitos e a de seus filhos: como saúde, educação e documentos de "identidade, registro civil" etc.

Na relação estabelecida entre as mulheres dos soldados e a instituição, revelam-se os aspectos autoritários de uma "sociedade em que os direitos nunca foram formulados segundo uma noção de igualdade, mas na ótica da proteção que um Estado benevolente deve aos fracos e desamparados" (Teles, 2001, p.59); "em que as diferenças sociais são transformadas em hierarquias que criam a figura do subalterno que

---

15   Relatório das atividades da Legião Brasileira de Assistência, 1942-1943.

MULHER E POLÍTICA 185

tem o dever e a obediência e do inferior que merece a tutela, a proteção, o favor, mas jamais os direitos" (Chaui, 1987).

Se na hierarquia das relações de gênero as mulheres sempre foram concebidas como figuras que necessitavam da proteção dos homens, para as mulheres desamparadas pela "guerra" essa hierarquização foi criada e recriada pela tutela da Legião Brasileira de Assistência, marcando assim a submissão e o controle do Estado sobre elas. Segundo Sposati & Falcão (1989, p.40-1):

o sucesso do populismo moderno está em que ele se expressa como um modo de relação personalizada com os dominados e, um discurso antecipado de uma necessidade, apresentada de forma personalizada, tem grande efeito estratégico na trivialização da própria necessidade reconhecida, gerando a complacência e cumplicidade do demandatário, frente a sua satisfação ou a sua satisfação regulada e compensatória.

Na Legião Brasileira de Assistência, essa relação personalizada entre mulheres estabeleceu-se entre Darcy Vargas, as visitadoras sociais e as mulheres dos soldados. Ao buscarem a assistência prestada pela instituição, as mulheres dos soldados caíam nas malhas e garras institucionais, tornando-se delas dependentes e cúmplices.

Ainda de acordo com Sposati & Falcão (1989, p.15), na Legião Brasileira de Assistência, durante a administração de Darcy Vargas, "os servidores tinham o comprometimento de atender os clientes com carinho e atenção, para suprir de alguma forma as carências não só materiais, como também espirituais".

Na orientação da instituição no atendimento dos beneficiados, percebe-se nitidamente o revestimento do público pelo privado, em que as habilidades e qualidades femininas concebidas como inerentes ao feminino foram adequadas ao serviço público, alimentando, assim, a personalização das relações entre as mulheres.

Segundo Iamamoto & Carvalho (1985, p.227), as primeiras assistentes sociais, formadas sob a orientação da Ação Católica, não deixaram de ter um caráter ligado ao apostolado laico feminino; a assistente social deveria:

186   IVANA GUILHERME SIMILI

ser uma pessoa da mais íntegra formação moral, que a um sólido preparo técnico; que alie o desinteresse pessoal a uma grande capacidade de devotamento e sentimento de amor ao próximo; deve ser realmente solicitado pela situação penosa de seus irmãos, pelas injustiças sociais, pela ignorância, pela miséria, e a esta solicitação devem corresponder qualidades pessoais de inteligência e vontade. Deve ser dotado de outras tantas qualidades inatas, cuja enumeração é bastante longa: devotamento, critério, senso prático, modéstia, simplicidade, comunicatividade, bom humor, calma, sociabilidade, trato fácil e espontâneo, saber conquistar a simpatia, saber influenciar.

Essas eram as qualidades, portanto, que traçavam o perfil da assistente social que, associada às orientações da Legião Brasileira de Assistência para os seus "servidores", parece que se transformou em padrão de atendimento público, na primeira instituição pública de assistência social.

Se uma parte da história das mulheres dos soldados inscreve-se indiretamente nas concepções e práticas institucionais, durante esta pesquisa foi encontrada, na Fundação Darcy Vargas, uma pasta contendo 958 fichas de soldados que participaram da Segunda Guerra Mundial e que procuraram a Legião Brasileira de Assistência depois de retornarem do campo de batalha, o que permite uma aproximação com as condições dos homens que o Estado, depois do conflito mundial, devolveu ao mundo e às mulheres. Os soldados se dirigiam à entidade com o propósito de pedir dinheiro para o pagamento de passagem a fim de chegarem até a cidade de origem; para solicitar que Darcy Vargas lhes fornecesse uma carta de apresentação para conseguir emprego; outros pediam a ela que intermediasse a contratação deles nos órgãos públicos; também solicitavam objetos como dentadura, bengala, aliança, entre outros. Os registros também trazem evidências de que muitos soldados estavam mutilados e com a vida profissional para sempre comprometida. A guerra comprometera também a vida afetivo-familiar, visto que a intermediação da instituição para a regularização da separação consta do rol das solicitações.

Como as relações de gênero são históricas, depois da Segunda Guerra Mundial, muitas mulheres tiveram de conviver com homens

MULHER E POLÍTICA 187

desempregados, mutilados e afetados emocionalmente. Para 454 delas, número referente a soldados mortos, o conflito mundial pôs fim a uma história familiar e pessoal.

"Salas de costura", "Sala de bandagens": a produção da guerra

Um dos aspectos mais salientados nas construções biográficas para Darcy Vargas é o papel que a "costura" desempenhou na sua vida. Segundo o *Dicionário das mulheres do Brasil* (Schumaher & Brazil, 2000), "todas as quintas-feiras" ela costurava na Casa do Pequeno Jornaleiro. A relação e a ligação da primeira-dama com a costura também foi identificada em 1930, quando organizou a Legião da Caridade com o objetivo de produzir "roupas e distribuir alimentos aos combatentes".

Na Segunda Guerra Mundial, o trabalho feminino de costura é recriado por Darcy Vargas e incorporado como um componente do programa de assistência aos "soldados e seus familiares".

Nos momentos inaugurais da Legião Brasileira de Assistência, quando a imprensa produziu materiais de divulgação para convocar as mulheres para o trabalho na instituição, uma das vertentes sugeridas para a inserção delas no voluntariado era a "costura e o tricô".

Um balanço das atividades no período de 1942 e 1943 indica que inúmeras foram as salas de costura instaladas em diversos pontos da cidade do Rio de Janeiro, sendo as principais nas lojas Singer, nas muitas filiais espalhadas pelo Rio de Janeiro, na Associação de Caridade São Marcelo, no Lar Proletário, no Centro do Hospital Evangélico e no Clube Caiçaras. Havia, ainda, uma sala no núcleo central, instalada na sede da Comissão Central, quando ela já havia deixado de funcionar na sala cedida pela Associação Comercial e encontrava-se funcionando na Rua México n° 158, local onde permaneceu durante o período da guerra.

O número de mulheres envolvidas no serviço de costura pode ser aquilatado pelo resultado da produção feminina. O relatório elaborado para informar as atividades desenvolvidas pela LBA, no período 1942-1943,

188 IVANA GUILHERME SIMILI

informava que o serviço de costura havia produzido e doado, para os ministérios militares, 11.008 peças: 5.448 para o Ministério da Guerra, 5.420 para a Marinha e 2.140 para Aeronáutica. Às instituições assistenciais privadas e às comissões estaduais haviam sido destinadas 9.258 peças. Informações esclarecedoras acerca das "peças" produzidas estão no *Boletim* de agosto de 1945. No período de 1943-1944, haviam sido produzidas as seguintes peças:

2.274 aventais; 761 blusas; 718 babadouros; 1.258 calças para meninos e meninas; 1.648 camisas para doentes; 4.042 camisas de pagão; 501 camisas de parturiente; 258 capas; 889 capuzes de lã; 3.831 casaquinhos para bebê; 130 cobertores para bebê; 2.926 fronhas para hospital; 110 gorros para médico; 1.535 lençóis para bebês; 678 lençóis para campos operatórios; 6.387 lençóis para hospitais; 4.703 pijamas para crianças e homens; 2.228 roupas para meninos; 1.191 sapatinhos para bebês; 1.146 *sweters* para criança e para homens; 304 sungas; 404 toalhas para escuta e para sala de operações; 10.099 vestidos para doentes, parturientes, para batizado de bebês, de chita, de crochê, de flanela e de tricô, além de outras peças em menor quantidade.

A quantidade de roupas e peças hospitalares produzidas pelas "legionárias da costura", título criado pela instituição para nomeá-las e diferenciá-las de outras voluntárias, informada no relatório e boletins permite vislumbrar a participação de um número considerável de mulheres. Nas espécies de roupas produzidas para homens, mulheres e crianças, embute-se um dos conceitos e práticas assistenciais: remediar os problemas sociais com a distribuição de artefatos que pudessem ajudar a minorar o sofrimento das mães e crianças afetadas pela guerra.

Nas peças de roupas masculinas e médico-hospitalares, é possível captar o conceito de assistência aos soldados. Um dos problemas enfrentados por Vargas para equipar as Forças Armadas dizia respeito aos homens e às suas roupas. Além da necessidade de conseguir homens para levar para o *front* italiano, impunham-se outras: fornecer-lhes roupas apropriadas para enfrentar um conflito que acontecia em um país frio da Europa, a Itália, e produzir os materiais hospitalares para prestar os cuidados médicos no *front*.

Nos documentos e nas fotografias do trabalho realizado pelas legionárias da costura, há indícios de que as costureiras da LBA foram as responsáveis pela produção de uma quantidade significativa de roupas que deveriam ser usadas pelos soldados no frio europeu e pelo corpo médico-hospitalar. Foram também criadas as "salas de bandagens" destinadas à produção de materiais médico-hospitalares.

De acordo com o relatório para o período de 1942-1943, as legionárias produziram trinta mil "pensos individuais" destinados às Forças Armadas, para utilização no atendimento hospitalar dos soldados no *front*. O *Boletim* de agosto de 1945 é mais específico quanto ao tipo de material hospitalar produzido pelas voluntárias. Em 1944, ano da partida do primeiro batalhão da Força Expedicionária brasileira, e de janeiro a julho de 1945, ainda no período de retorno dos pracinhas do *front* de guerra, foram produzidos

16.093 ataduras ortopédicas enroladas à máquina; 1.762 bandagens imobilizadoras; 4.258 compressas; 2.090 drenos costurados; 2.157 invólucros em tecidos; tipo fraldas; 82.010 gazes, tipo três; 12 lençóis operatórios; 257 máscaras para operações; 5.300 mechas de algodão; 34.100 pensos individuais; 337 sacos de papel impermeável; 1.700 tampões e outras peças como capuzes, meias, echarpes, casacos, sapatos, babadouros e fraldas para bebês, num total de 178 unidades.

Essa produção feminina deixou registro em imagens fotográficas.

Figura 18 – Sala de produção de materiais hospitalares (Acervo do Creas).

190 IVANA GUILHERME SIMILI

Uma sala de produção com todos os ingredientes de uma linha de produção: várias mulheres reunidas num único espaço, realizando tarefas atinentes à confecção dos materiais hospitalares.

Algumas considerações devem ser feitas acerca dessa fotografia:

· O governo brasileiro encontrou na Legião Brasileira um poderoso suporte para a produção dos materiais hospitalares que foram usados no atendimento médico do *front*.

· O trabalho feminino foi apropriado pelo Estado, por intermédio da ação assistencialista da LBA.

As legionárias da costura e as produtoras de bandagens representam exemplos de como os diversos problemas governamentais foram solucionados com a ajuda e participação de mulheres que passaram a doar seu tempo e conhecimento em nome do apoio feminino na guerra. Nesse ponto, chamo a atenção para o fato de que, ao contrário das mulheres européias e americanas que substituíram os homens na indústria, as legionárias da costura da LBA e as produtoras de bandagens foram responsáveis por uma significativa produção de roupas e materiais hospitalares, doando seu tempo e trabalho sem nada receber pelos serviços prestados (Thébaud, 1991).

No trabalho dessas mulheres e de outras voluntárias que atuaram na Legião Brasileira de Assistência durante o período da Segunda Guerra Mundial, é possível identificar um ponto que norteou a trajetória de Darcy Vargas e da Legião Brasileira de Assistência: a história da guerra é também a história das mulheres e da exploração dos sentimentos, das habilidades e competências femininas pelo poder e pela política.

O percurso da Legião Brasileira de Assistência tem sido examinado sob diferentes perspectivas. Entretanto, os pontos nodais dos estudos feitos, geralmente, por assistentes sociais referem-se à questão e assistência sociais.

Neste capítulo, procurou-se mostrar, como um fenômeno, a Segunda Guerra Mundial, proporcionou as condições para a participação e a atuação feminina, a começar por Darcy Vargas, a qual, entre os anos 1942 e 1945, foi a responsável pela política pública governamental para enfrentar os problemas sociais gerados pelo conflito mundial.

MULHER E POLÍTICA 191

Por intermédio de Darcy Vargas, verificou-se como as estratégias desenvolvidas pela presidente para gerir o projeto assistencial criado pelo Estado e pelo empresariado criaram mecanismos para a participação e atuação feminina na Segunda Guerra Mundial. Dois pontos merecem destaque: o primeiro diz respeito aos limites sociais e culturais impostos às mulheres. Nas ações da presidente e nos programas, serviços e campanhas implementadas por Darcy Vargas, a participação e a atuação feminina reforçaram o papel social da mulher. Observa-se, claramente, nos cursos promovidos pela LBA, na atuação das mulheres no trabalho voluntário e nas formas de participação criadas institucionalmente para o feminino, como o papel da mulher foi revestido e ampliado. Elas se transformaram em "protetoras da população", em "educadoras", em "nutricionistas", em "escritoras de cartas", em "enfermeiras", em "costureiras", em "bibliotecárias". Não resta dúvida quanto à exploração feminina. As voluntárias desenvolveram uma variedade de serviços, sem nada receber pelo serviço prestado.

Por conseguinte, não há dúvida do significado histórico e social da LBA para a história das mulheres na Segunda Guerra Mundial, para possibilitar a participação feminina, o contato com situações, com conhecimentos que certamente compuseram suas bagagens pessoais. A mudança produzida pode ser dimensionada pela trajetória de algumas mulheres. Francisca Wright, a voluntária da defesa passiva antiaérea, entrevistada para este estudo, fez o curso de serviço social e se tornou professora universitária; Cecy Wright envolveu-se com a política assistencial e partidária.

Quanto à Darcy Vargas, não há dúvida dos controles exercidos pelo Estado e pelo empresariado em sua atuação como presidente. Como uma mulher da década de 1940 que presidia a primeira instituição pública, sua administração foi controlada por Vargas e por aqueles que amparavam a obra social, os empresários. Deve-se destacar também que tudo o que é possível saber sobre suas ações também sofreram os controles de Vargas. Nos materiais da imprensa, nas publicações, nas imagens, enfim, tudo aquilo que permitiria o conhecimento sobre a administração Darcy Vargas foi crivado e selecionado pelo DIP e pelo governante.

Darcy era o "sujeito" que respondia e que assumia publicamente as ações da instituição. Embora a historiografia da assistência social reconheça a importância de Darcy Vargas, as interpretações ainda atribuem ao presidente da República uma importância maior àquilo que foi feito no passado, nele buscando a origem e a explicação dos caminhos e descaminhos percorridos pela assistência social durante o período da Segunda Guerra Mundial. Quando se analisa a trajetória de Darcy Vargas, pode-se afirmar que todas as realizações da LBA são resultado direto das práticas do governo Vargas, mas também de sua esposa, que esteve no comando. Vale recordar que, por mais que os sujeitos sejam subordinados, dominados, há uma margem de liberdade em suas ações por meio da qual agem e modificam a realidade social. Nos traços assistenciais da LBA, foi possível identificar o projeto do Estado e do empresariado. No entanto, em tudo aquilo que foi realizado, há as mãos da presidente, criando, adaptando, incluindo e excluindo, enfim, os sinais dos acertos e erros, das modificações que os projetos sofreram em seu encaminhamento e desenvolvimento. Certamente nas realizações em nome da assistência aos soldados e a seus familiares, há não apenas a rubrica e as mãos de Getúlio, mas também as da primeira-dama, modelando e traçando seus contornos.

Nos traços e rabiscos da Legião Brasileira de Assistência, está o trabalho de Darcy Vargas sob diferentes formas, perspectivas e matizes, o que torna as mulheres as principais protagonistas da instituição na Segunda Guerra Mundial.

4
O QUE FICOU
DE DARCY VARGAS?

Seguindo as pistas deixadas por Darcy Vargas, tornou-se possível identificar diversas construções que atravessaram seu percurso: Darcy foi a filha de Antonio e Alzira Sarmanho; a esposa de Getúlio Vargas e a mãe de Manoel Antonio, Lutero, Alzira, Jandira e Getulinho; foi a menina criada no Rio Grande do Sul em uma família da elite e a mulher que, pelos laços de casamento com Getúlio Vargas, teve de administrar a vida política da família; foi a mulher – esposa e mãe – que introjetou a política como componente sempre presente e ajudou a família a assimilar esse processo. Levada pela linha da vida e pelas responsabilidades públicas do marido, atuou decididamente. Tal participação ficou inscrita na organização da caridade, em 1930, quando, motivada pela luta política de Getúlio Vargas, Darcy começou a mostrar-se integrada às lides abraçadas pelo marido, então governador do Rio Grande do Sul. Naquele ano, o trajeto do homem público Getúlio Vargas, que Darcy vinha acompanhando e participando desde o casamento em 1911, foi coroado de êxito com a conquista do posto da chefia do governo provisório. À forma que sua participação havia adquirido antes de 1930, com a Legião da Caridade, associam-se outras: criou a Fundação Darcy Vargas, em 1938, e ocupou a presidência da Legião Brasileira de Assistência, de 1942 até 1945, quando o marido e governante Getúlio Vargas foi deposto, tendo o casal deixado provisoriamente o cenário nacional.

194 IVANA GUILHERME SIMILI

As formas da participação de Darcy Vargas, assumidas no período de 1930 a 1945, foram a continuidade de seu envolvimento como esposa e como importante personagem na vida pública de Getúlio. Como se podia esperar, ela foi a mulher que sempre acompanhou Getúlio e os filhos, de acordo com o "seu projeto de vida" como esposa e mãe. Todavia, seguindo as mudanças que o tempo introduz na vida e nas pessoas, Darcy Vargas mudou, renovou-se e deu novos ares àquilo que estava na base de sua vida e de relação com o mundo: o casamento e a maternidade. Em alguns gestos, comportamentos e atitudes da personagem Darcy, pode-se ouvir sua voz dizendo: "Também fiz escolhas", mostrando o que aprendeu e levou para a sua vida. Na vida pública, como no âmbito do privado, nunca deixou de ser a esposa de Getúlio Vargas. Embora a política lhe atribuísse uma papel de coadjuvante, Darcy soube desenvolver formas próprias de participação.

Depois de seguir os passos de Darcy Vargas, a pesquisa enveredou-se por caminhos diversos que levaram a uma personagem que não restringiu sua vida à figura decorativa do poder e da política. Revelou-se, na personagem, um poder de mobilização que, ao longo de seu percurso, ela mesma foi criando para os trabalhos assistenciais. Conforme se procurou demonstrar nos capítulos 2 e 3, o poder de envolvimento e mobilização detido pela personagem foi decisivo nos empreendimentos sociais e na presidência da Legião Brasileira de Assistência. Um dos momentos de maior nitidez desse poder foi a realização dos espetáculos *Joujoux e Balangandans*. Em 1941, essas promoções de Darcy, em nome da filantropia para a construção e manutenção das obras Casa do Pequeno Jornaleiro e Cidades das Meninas da Fundação Darcy Vargas, envolveram e mobilizaram vários segmentos da elite cultural, social e política para trabalhar em prol da caridade.

Outro momento importante ocorreu durante a Segunda Guerra Mundial (abordado no Capítulo 3), quando Darcy, apoiada no e pelo governo e também pelo empresariado, ocupou a presidência da Legião Brasileira de Assistência, conduzindo milhares de mulheres, da elite e de outros segmentos sociais, culturais e políticos, para o trabalho voluntário na instituição. No potencial mobilizador da personagem, está a explicação para a inserção das mulheres na Legião Brasileira de

MULHER E POLÍTICA 195

Assistência e para uma forma específica de participação feminina na Segunda Guerra Mundial.

Ao longo deste trabalho, procurou-se destacar quão importante foi o fato de Darcy ser esposa de Getúlio Vargas na construção de sua trajetória, na fabricação de sua imagem, em suas representações pelo corpo social via imprensa e na produção de memória. No entanto, conforme demonstrado neste estudo, Darcy Vargas também se criou e se recriou, e uma das formas de sua criação ocorreu pelo trabalho assistencial.

Acompanhando e descobrindo Darcy Vargas, este estudo possibilitou conhecer algumas realizações e frustrações que pontuaram a vida da personagem. Na linha da vida da mulher, esposa e mãe, a morte do filho, Getulinho, em 1943, marcou sua história, nela imprimindo a frustração por não conter e/ou conseguir evitar tão trágico acontecimento. Mas essa mesma linha também lhe trouxe benefícios e vantagens. As portas da vida social, cultural e política estiveram e permaneceram abertas. Ela conheceu e conviveu com as mais importantes personalidades da nação. Foi beneficiada pelas vantagens trazidas pelo poder e viajou, freqüentando lugares de privilégio. Os benefícios também foram estéticos. Se ela foi classificada por Chermont de Brito (183) como mulher provinciana e sem estilo, quando chegou ao Rio de Janeiro, compulsando diversas evidências visuais a que a pesquisa teve acesso, pode-se perceber que a primeira-dama tornou-se mulher elegante e refinada.

No aspecto do poder, seguindo Darcy Vargas, foi possível revelar os limites que se interpuseram à sua trajetória. De acompanhante de Getúlio Vargas nas cenas políticas, demonstrou-se como Darcy foi criando seu poder e seus espaços de participação nos acontecimentos políticos. Como uma representante feminina dos anos 1940, embora seu poder fosse restrito e limitado pelos homens, pelo poder assistencial ela participou da política dos homens e criou sua trajetória de participação política, a qual se transformaria em emblemática da assistência social no Brasil, visto que foi a personagem e sua atuação na presidência da Legião Brasileira de Assistência que lançaram as bases do modelo para o primeiro-damismo brasileiro vinculado ao social.

De diferentes formas e perspectivas, a importância da personagem revelou-se na trajetória da mulher, da esposa, da mãe e da primeira-dama

Darcy Vargas. Trilhando os caminhos por ela seguidos, as questões apontadas neste estudo são sugestivas de outras tantas, como a existência de diferenças entre homens e mulheres na maneira de encarar e enfrentar as problemáticas sociais relacionadas à maternidade e à infância; quanto aos modos masculinos e femininos de conceber o poder e a política e as influências da vida e trajetória pessoal no campo do debate e das soluções políticas; enfim, questões que disseram e ainda dizem respeito à relação mulher/política e que pertencem ao campo da história das mulheres, da história política como um todo e, em particular, à história da política assistencial brasileira e da história cultural e de gênero.

No que diz respeito à história da Legião Brasileira de Assistência, um dos principais pontos salientados nos estudos diz respeito ao fato de a instituição, durante seu período de existência (1942-1995), ter sido um órgão público marcado pela corrupção, pela troca de influência, enfim, por práticas condenáveis na administração pública e no trato de assuntos ético-políticos. Ressalta-se que a documentação existente não permitiu examinar esse aspecto. Isso pode ser creditado a dois fatores: à produção e à sobrevivência desses documentos. O período de 1942 a 1945 refere-se aos primeiros anos da LBA, quando a entidade se estruturava e lançava as bases de sua organização. Com isso, a escassez de documentos produzidos, aliada à falta de preocupação com a conservação deles pelas presidentes que sucederam Darcy Vargas, dificultou o conhecimento de muitos tópicos relativos à primeira presidência.

Quanto ao percurso da personagem depois da queda de Vargas, em 1945, o verbete constante no *Dicionário das mulheres do Brasil* (Schumaher & Brazil, 2000) informa que o ex-presidente foi para São Borja, no Rio Grande do Sul, e Darcy, em razão dos "problemas familiares", permaneceu no Rio de Janeiro, dando continuidade às suas atividades à frente da Casa do Pequeno Jornaleiro. Com a volta de Getúlio Vargas ao poder, em 1950, Darcy voltou a residir no Palácio do Catete e a presidir a LBA. Durante o segundo mandato, ela visitou os Estados nordestinos assolados pela seca de 1951-1953 e providenciou assistência às vítimas da enchente do Amazonas, em 1953.

Após o suicídio de Getúlio Vargas, em 24 de agosto de 1954, Darcy teria passado a dedicar todo o seu tempo às atividades assistenciais,

MULHER E POLÍTICA 197

particularmente à Casa do Pequeno Jornaleiro, que fez questão de administrar até morrer, em 1968. Foi sepultada no cemitério São João Batista, ao lado do filho Getúlio.

Um ponto sobressai no relato biográfico: os principais alicerces do percurso da personagem foram assentados no primeiro governo Vargas, ou seja, o momento mais marcante e mais rico quanto às suas criações e realizações aconteceu entre 1930 e 1945. Posteriormente, Darcy somente deu continuidade ao que havia realizado naqueles anos, destacando-se o reforço do modelo de atuação para o primeiro-damismo articulado com o social, ao ocupar a presidência da Legião Brasileira de Assistência até o suicídio de seu marido, em 1954.

REFERÊNCIAS BIBLIOGRÁFICAS

Jornais e revistas

Correio da Manhã, edições de 1942 a 1945 (Cedap, Unesp, Assis).
O Cruzeiro, edições de 1930 , 1931 e de 1942 a 1945 (Cedip, PUC-SP e Biblioteca Nacional – RJ).
O Estado de S. Paulo, edições de 1942 a 1945 (Cedap, Unesp, Assis).
Revista Cultura Política, edições de 1942 a 1945 (Biblioteca da Universidade Estadual de Maringá).
Revista Nação Brasileira, edições de 1940 a 1945 (Acervo Presidente Kennedy – São Paulo).
Revista Serviço Social, edições de 1939 a 1945 (Biblioteca da PUC-SP).
Sombra, edições de 1939 a 1942 (Biblioteca Nacional).

Fotografias e outros documentos (relatórios, atas, boletins)

Centro de Pesquisa e Documentação da Fundação Getúlio Vargas (CPDOC), Rio de Janeiro.
Comissão Permanente Consultiva do Centro de Referência Especializado da Assistência Social (Creas), Rio de Janeiro.
Fundação Darcy Vargas (atas, fotografias).
Projeto Portinari, Rio de Janeiro.

Livros

ADORNO, S. A gestão filantrópica da pobreza urbana. *São Paulo em Perspectiva*, v.4, n.2, abr./jun. 1990.

ALVES, B. M. *Ideologia e feminismo*: a luta da mulher pelo voto no Brasil. Petrópolis: Vozes, 1980.

ALVIM, M. R. Infância e sociedade no Brasil: uma análise da literatura. *Boletim Informativo e Bibliográfico de Ciências Sociais*, v.26, p.3-37, 1988.

ARAÚJO, R. M. B. de. *A vocação do prazer*: a cidade e a família no Rio de Janeiro republicano. Rio de Janeiro: Rocco, 1993.

ARIÉS, P. O casamento indissolúvel. In: ARIÈS, P., BÉJIN, A. *Sexualidades ocidentais*. 3.ed. São Paulo: Brasiliense, 1987.

ASHLIN, E. Timoshenko. *Sombra (Rio de Janeiro)*, ano 3, n.21, p.65-5, ago. 1943.

AVELAR, L. *O voto feminino no Brasil*. São Paulo, 1985. Tese (Doutorado em Ciências Sociais) – Pontifícia Universidade Católica.

_____. *As mulheres da elite política brasileira*. 3.ed. rev. e ampliada. São Paulo: Editora Unesp, 2002.

BALANDIER, G. *O poder em cena*. Brasília: Editora da UnB, 1980.

BARBOSA, E. M. M. *O processo de regulamentação da assistência social*. Rio de Janeiro: Editora da UFF, 1991.

BARTHES, R. *A câmara clara*. Rio de Janeiro: Nova Fronteira,1984.

BELFIORE, M. et al. Prática assistencial no Brasil. *Serviço Social e Sociedade*, ano IV, n.17, ano VI, abr. 1985.

BIASE, P. G. De uma cidadania a outra. O duplo protagonismo das mulheres católicas. In: BONACCHI, G., GROPPI, Â. (Org.) *O dilema da cidadania*. Trad. Álvaro Lorencini. São Paulo: Editora Unesp, 1995.

BIOGRAFIA. Revista Estudos Históricos (Rio de Janeiro), n.19, 1997.

BITTENCOURT, A. *Dicionário bio-bibliográfico de mulheres ilustres, notáveis e intelectuais*. Rio de Janeiro: Pongetti, 1969. v.1.

BLAY, E. A. *As prefeitas*: a participação política da mulher no Brasil. Rio de Janeiro: Avenir, 1984.

BOBBIO, N., MATEUCCI, N., PASQUINO, G. *Dicionário de política*. 4.ed. Brasília: Editora da UnB, 1992. v.2.

BOCK, G. Pobreza feminina, maternalismo e direitos das mães (1850-1950). In: DUBY. G., PERROT, M. *História das mulheres no Ocidente*. O século XX. Porto: Edições Afrontamento, São Paulo: Ebradil, 1991.

MULHER E POLÍTICA 201

BOLETIM MEMÓRIA DA ASSISTÊNCIA SOCIAL. As origens da LBA. Rio de Janeiro: Ministério da Previdência e Assistência Social, Legião Brasileira de Assistência, s. d.

BOMENY, H. M. B. Três decretos e um ministério: a propósito da educação no Estado Novo. In: PANDOLF, D. (Org.) *Repensando o Estado Novo*. Rio de Janeiro: Fundação Getúlio Vargas, 1999.

BONALUME NETO, R. *A nossa segunda guerra*: os brasileiros em combate 1942-1945. Rio de Janeiro: Expressão e Cultura, 1995.

BORGES, V. P. *Memória paulista*. São Paulo: Edusp, 1997.

BOSI, E. *Memória e sociedade*. Lembranças de velhos. 2.ed. São Paulo: T. A. Queiroz, 1987.

BOURDIEU, P. A ilusão biográfica. In: AMADO, J., FERREIRA, M. de M. *Usos e abusos da história oral*. Rio de Janeiro: Fundação Getúlio Vargas, 1996.

BOURDIEU, P. *A dominação masculina*. Trad. Maria Helena Kühner. 2.ed. Rio de Janeiro: Bertrand Brasil, 2002.

BRESCIANI, M. S. A mulher e o espaço público. In: *Jogos da política*: imagens, representações e práticas. São Paulo: Anpuh, Marco Zero, Fapesp, 1992.

BRITO, C. de. *Vida luminosa de Dona Darcy Vargas*. Rio de Janeiro: LBA, 1983.

BRITO, M. N. C. Memória política: versões de gênero. *Cadernos Pagu*, v.3, p.197-228, 1994.

BRUNER, J., WEISSER, S. A invenção do ser: autobiografias e suas formas. In: OLSON, D. R., TORRANCE, N. (Org.) *Cultura escrita e oralidade*. São Paulo: Ática, 1995.

BRUSCHINI, C., UNBEHAUM, S. G. (Org.) *Gênero, democracia e sociedade brasileira*. São Paulo: Fundação Carlos Chagas, Editora 34, 2002.

BURKE, P. Como confiar em fotografias. *Folha de S.Paulo*, São Paulo, 4 fev. 2001. Mais!, p.13.

_____. *História e teoria social*. Trad. Klauss Brandini e Roneide Majer. São Paulo: Editora Unesp, 2002.

CAMARGO, A. Carisma e personalidade política. In: D'ARAÚJO, M. C. de. (Org.) *As instituições brasileiras na Era Vargas*. Rio de Janeiro: Eduerj, Fundação Getúlio Vargas, 1999.

CAMARGO, M. J. de, MENDES, R. *Fotografia-cultura e fotografia paulistana no século XX*. São Paulo: Secretaria Municipal de Cultura, 1992.

CAMERINO, O. de A. *A mulher brasileira na Segunda Guerra Mundial*. Rio de Janeiro: Capemi, 1983.

202 IVANA GUILHERME SIMILI

CANSAÇÃO, E. *E foi assim que a cobra fumou*. Rio de Janeiro: Imago, 1987.

CAPELATO, M. H. *Os arautos do liberalismo*. Imprensa paulista 1920-1945. São Paulo: Brasiliense, 1989.

————. O personagem na história – Perón e Eva: produtos da sociedade argentina. In: *Jogos da política* – imagens, representações e práticas. São Paulo: Anpuh, Marco Zero, Fapesp, 1992.

————. *Multidões em cena*: propaganda política no varguismo e no peronismo. Campinas: Papirus, 1998.

————. Propaganda política e controle dos meios de comunicação. In: PANDOLF, D. (Org.) *Repensando o Estado Novo*. Rio de Janeiro: Fundação Getúlio Vargas, 1999.

CAPELATO, M. I., PRADO, M. L. *O bravo matutino*. São Paulo: Alfa-Omega, 1980.

CARDOSO, C. F., MAUAD, A. M. História e imagem: os exemplos da fotografia e do cinema. In: CARDOSO, C. F., VAINFAS, R. *Domínios da história*. Ensaios de teoria e metodologia. 5.ed. Rio de Janeiro: Campus, 1997.

CARVALHO, J. M. de. *Cidadania no Brasil, o longo caminho*. Rio de Janeiro: Civilização Brasileira, 2001.

CARVALHO, M. do C. B. de. Assistência social: uma política pública convocada e moldada para constituir-se em "governo paralelo da pobreza". *Serviço Social e Sociedade (São Paulo)*, n.46, 1994.

CASTELO BRANCO, M. T. *O Brasil na Segunda Guerra Mundial*. Guanabara: Bibliex, 1960.

CAULFIELD, S. Que virgindade é está? A mulher moderna e a reforma do código penal no Rio de Janeiro, 1918-1940. *Revista do Arquivo Nacional*, v.9, n.1-2, jan./dez.1996.

CERQUEIRA FILHO, G. *A questão social no Brasil*: crítica do discurso político. Rio de Janeiro: Civilização Brasileira, 1982.

CERTEAU. M. de. *A invenção do cotidiano*. Petrópolis: Vozes, 1994.

CHARTIER, R. *A história cultural*: entre práticas e representações. Trad. Maria Manuela Galhardo. Lisboa: Difel, 1990.

————. A história hoje: dúvidas, desafios, propostas. *Estudos Históricos (Rio de Janeiro)*, CPDOC, FGV, v.7, n.13, p.97-113, 1994.

————. Diferenças entre os sexos e dominação simbólica. *Cadernos Pagu (Campinas)*, Núcleo de Estudos de Gênero da Unicamp, n.4, p.37-47,1995.

MULHER E POLÍTICA **203**

_____. *À beira da falésia*. A história entre certezas e inquietudes. Trad. Patrícia Chittoni Ramos. Porto Alegre: Editora UFRGS, 2002.

CHAUI, M.. *Ideologia e mobilização popular*. Apontamentos para uma crítica da ação integralista brasileira. Rio de Janeiro: Paz e Terra, 1978.

_____. *Conformismo e resistência*: aspectos da cultura popular no Brasil. 2.ed. São Paulo: Brasiliense, 1987.

COGGIOLA, O. (Org.) *Segunda Guerra Mundial*. Um balanço histórico. São Paulo: Edusp, Xamã, 1995.

CONNIFF, M. L. Voluntary associations in Rio, 1870-1945. A new approach to urban social dynamics. *Journal of Inter-American Studies and World Affairs*, n.17, p.64-81, 6 fev. 1975.

CORRÊA, M. A cidade de menores: uma utopia dos anos 30. In: FREITAS, M. C. de. (Org.) *História social da infância no Brasil*. São Paulo: Cortez, 1997.

COSTA, A. de O., BRUSCHINI, C. (Org.) *Uma questão de gênero*. Rio de Janeiro: Rosa dos Tempos, São Paulo: Fundação Carlos Chagas, 1992.

COSTA, H. Da fotografia de imprensa ao fotojornalismo. *Acervo, Revista do Arquivo Nacional*, v.6, n.1-2, jan./dez. 1993.

COSTA, J. *Ordem médica e norma familiar*. 2.ed. Rio de Janeiro: Graal, 1983.

CYTRYNOWICZ, R. *Guerra sem guerra*. A mobilização e o cotidiano em São Paulo durante a Segunda Guerra Mundial. São Paulo: Geração Editorial, Edusp, 2000.

D'ARAUJO, M. C. (Org.) *As instituições brasileiras da Era Vargas*. Rio de Janeiro: Eduerj, 1999.

DECCA, M. A. A. G. *A vida fora das fábricas*: cotidiano operário em São Paulo, 1920-1934. Rio de Janeiro: Paz e Terra, 1987.

DE DECCA, E. *1930: o silêncio dos vencidos*. São Paulo: Brasiliense, 1981.

DE DECCA, E.; VESENTINE, C. A revolução do vencedor. *Contraponto*, n.1, 1976.

DE PAULA, J. *1932: imagens construindo a história*. 2.ed. Campinas: Editora da Unicamp, Piracicaba: Editora Unimep, 1999.

DEL PRIORE, M. (org.) *História das crianças no Brasil*. São Paulo: Contexto, 1999.

DÉPÊCHE, M. A tradução feminista: teorias e práticas subversivas. Nísia Floresta e a escola de tradução canadense. *Revista do Programa de Pós Graduação em História da UnB*, v.8, n.1-2, p.157-89, 2000.

204 IVANA GUILHERME SIMILI

D'INCAO, M. Â. Mulher e família burguesa. In: DEL PRIORE, M. (Org.) *História das mulheres no Brasil*. São Paulo: Contexto, 1997.

DINIZ, E. Engenharia institucional e políticas públicas: dos conselhos técnicos às câmaras setoriais. In: PANDOLFI, D. (Org.) *Repensando o Estado Novo*. Rio de Janeiro: Editora FGV, 1999.

DONATO, H. *A Revolução de 32*. São Paulo: Círculo do Livro, 1982.

DONZELOT, J. *A polícia das famílias*. Rio de Janeiro: Graal, 1986.

DUTRA, E. R. de F. *O ardil totalitário ou a dupla face na construção do Estado Novo*. São Paulo, 1986. Tese (Doutorado) – Universidade de São Paulo.

FABRIS, A. T. (Org.) *Fotografias*: usos e funções no século XIX. São Paulo: Edusp, 1998.

FALCON, F. História e poder. In: CARDOSO, C., VAINFAS, R. (Org.) *Domínios da história*. Ensaios de teoria e metodologia. 5.ed. Rio de Janeiro: Campus, 1997.

FALEIROS, V. de P. Serviço social nas instituições: hegemonia e prática. *Serviço Social & Sociedade*, ano VI, p.30-9, abr. 1985.

―――. *A política social do Estado capitalista*. 8.ed. São Paulo: Cortez, 2000.

FARGE, A. La historia de las mujeres. Cultura y poder de las mujeres: ensayo de historiografia. In: LUNA, L. G. *Historia, género y política*. Barcelona: Promociones Y Publicaciones Univesitarias, 1991.

FAUSTO, B. *A Revolução de 30*. Historiografia e história. São Paulo: Brasiliense, 1975.

FEMINISMOS: teorias e perspectivas. *Revista da Pós-graduação em História*, v.8, n.1-2, 2000.

FERREIRA, M. de M., AMADO, J. (Coord.) *Usos e abusos da história oral*. 5.ed. Rio de Janeiro: Fundação Getúlio Vargas, 1996

FLAX, J. Pós-modernismo e relações de gênero na teoria feminista. In: HOLLANDA, H. B. de. *Pós-modernismo e política*. Rio de Janeiro: Rocco, 1991.

FOUCAULT, M. *Microfísica do poder*. Rio de Janeiro: Graal, 1985.

FUGIER, A. M. Os ritos da vida privada burguesa. In: PERROT, M. (Org.) *História da vida privada*. São Paulo: Companhia das Letras, 1991. v.4.

GAMBINI, R. *O duplo jogo de Getúlio Vargas*. São Paulo: Símbolo, 1977.

GASPARINI, J. *Mujeres de dictadores*. Buenos Aires, 2002.

GINZBURG, C. *O queijo e os vermes*. São Paulo: Companhia das Letras, 1994.

MULHER E POLÍTICA **205**

GIULIANI, P. C. Silenciosas e combativas: a contribuição das mulheres na estrutura sindical no nordeste, 1976-1986. In: COSTA, A., BRUS-CHINI, C. *Rebeldia e submissão*: estudos sobre a condição feminina. São Paulo: Vértice, 1989.

GOMES, Â. de C. *A invenção do trabalhismo*: política e legislação no Brasil, 1917-1937. Rio de Janeiro: Campus, 1989.

_____. A guardiã da memória. *Acervo, Revista do Arquivo Nacional*, v.9, n.1-2, p.17-30, jan./dez. 1996.

_____. A política brasileira em busca da modernidade: na fronteira entre o público e o privado. In: SCHWARCZ, L. M. (Org.) *História da vida privada no Brasil*. São Paulo: Companhia das Letras, 1998.

_____. Ideologia e trabalho no Estado Novo. In: PANDOLFI, D. (Org.) *Repensando o Estado Novo*. Rio de Janeiro: Editora FGV, 1999.

GOODWIN, D. K. *Tempos muito estranhos*: Franklin e Eleanor Roosevelt: o *front* da Casa Branca na Segunda Guerra Mundial. Trad. Joubert de Oliveira Brízida. Rio de Janeiro: Nova Fronteira, 2001.

GOULART. S. *Sob a verdade oficial*. São Paulo: CNPQ, Marco Zero, 1990.

HAHNER, J. E. *A mulher brasileira e suas lutas sociais e políticas*: 1850-1937. São Paulo: Brasiliense, 1981.

_____. *Emancipação do sexo feminino*. A luta pelos direitos da mulher no Brasil, 1850-1940. Trad. Eliane Lisboa. Florianópolis: Ed. Mulheres, Santa Cruz do Sul, Edunisc, 2003.

HALBWACHS, M. *A memória coletiva*. São Paulo: Vértice, Revista dos Tribunais, 1990.

HISTORIOGRAFIA. *Revista Estudos Históricos (Rio de Janeiro)*, n.17, 1996.

HOCHMAN, G., FONSECA, C. O que há de novo? Políticas de saúde pública e previdência social, 1937-1945. In: PANDOLF, D. *Repensando o Estado Novo*. Rio de Janeiro: Editora FGV, 1999.

HONORATTO, C. *O Estado Novo e a assistência social*. Historia e cidadania. São Paulo: Anpuh,1998.

IAMAMOTO, M., CARVALHO, R. de. *Relações sociais e serviço social no Brasil*: esboço de uma interpretação histórico-metodológica. 8.ed. São Paulo: Cortez, Lima: Celats, 1991.

JAHAR GARCIA, N. *Estado Novo, ideologia e propaganda política*. São Paulo: Loyola, 1982.

JODELET, D. (Org.) *As representações sociais*. Trad. Lílian Ulup. Rio de Janeiro: Eduerj, 2001.

206 IVANA GUILHERME SIMILI

KOSSOY, B. Estética, memória e ideologia fotográfica. *Acervo, Revista do Arquivo Nacional*, v.6, n.1-2, jan./dez. 1993.

_____. *Fotografia & história*. 2.ed. revisada. São Paulo: Ateliê Editorial, 2001.

KOSSOY, B., CARNEIRO, M. L. T. *O olhar europeu*. O negro na iconografia brasileira do século XIX. São Paulo: Edusp, 1994.

LACERDA, A L. Os sentidos da imagem: fotografias em arquivos pessoais. *Acervo, Revista do Arquivo Nacional*, v.6, n.1-2, p.41-54, jan./dez. 1993.

LAJÚS, M. L. O Estado brasileiro, a questão social e as políticas públicas. *Revista das Escolas de Serviço Social e Comunicação Social (Pelotas)*, Universidade Católica de Pelotas, v.2, n.2, p.85-102.

LAURETIS, T. A tecnologia do gênero. In: HOLLANDA, H. B. (Org.) *Tendências e impasses*. O feminino como crítica da cultura. Rio de Janeiro: Rocco, 1994.

LEITE, J. R. T. *Dicionário crítico da pintura no Brasil*. Rio de Janeiro, 1988.

LEITE, M. L. M. *Outra face do feminismo*: Maria Lacerda de Moura. São Paulo: Ática, 1984.

_____. *Retratos de família*: leitura da fotografia histórica. São Paulo: Edusp, 1993.

_____. A documentação de Maria Lacerda de Moura (1887-1945). *Revista Brasileira de História*, n.33, p.238-50, 1997.

LENHARO, A. *Sacralização da política*. Campinas: Papirus, Ed. Unicamp, 1986.

LEVI, G. Usos da biografia. In: AMADO, J., FERREIRA, M. de M. *Usos e abusos da história oral*. Rio de Janeiro: Fundação Getúlio Vargas, 1996.

LEVILLAIN, P. Os protagonistas da biografia. In: RÉMOND, R. *Por uma história política*. Rio de Janeiro: Editora UFRJ, Fundação Getúlio Vargas, 1996.

LIMA, I. *A fotografia é a sua linguagem*. Rio de Janeiro: Espaço e Tempo, 1988.

LIMA, V. L. A. F. M. *O início do serviço social no Brasil*: um feminismo cristão. São Paulo, 1991. Dissertação (Mestrado) – Pontifícia Universidade Católica.

LOSCHI, E. M. V. Metodologia da ação do serviço social. *Serviço Social & Sociedade*, ano VI, p.90-106, abr.1985.

LOURO, G. L. Uma leitura da história da educação sob a perspectiva de gênero. *Projeto História (São Paulo)*, v.11, nov. 1994.

MULHER E POLÍTICA 207

_____. Mulheres na sala de aula. In: DEL PRIORE, M. (Org.). *História das mulheres no Brasil*. Coord. de textos Carla Bassanezzi. 2.ed. São Paulo: Contexto, 1997.

_____. Gênero: questões para a educação. In: BRUSCHINI, C., UNBEHAUM, S. (Org.) *Gênero, democracia e sociedade brasileira*. São Paulo: Fundação Carlos Chagas, Editora 34, 2002.

LU BARRET, M. Palabras y cosas: materialismo y método en el análisis feminista contemporáneo. *La Ventana (México)*, n.14, 1996

LUNA, L. G. Populismo, nacionalismo y maternalismo: casos peronista y gaitanista. *Boletín Americanista (Barcelona)*, n.1, v.50, 2000.

_____. La historia feminista del género y la cuestión del sujeto *Labrys*, n.1-2, jul./dic. 2002.

MACFARLANE, A. *História do casamento e do amor*. Inglaterra, 1300/1840. São Paulo: Companhia das Letras, 1990.

MALCOLM, J. *A mulher calada*: Sylvia Plath, Ted Hughes e os limites da biografia. São Paulo: Companhia das Letras,1995.

MALUF, M., MOTT, M. L. Recônditos do mundo feminino. In: SEVCENKO, N. (Org.) *História da vida privada no Brasil*. São Paulo: Companhia das Letras, 1998. v.3.

MARCÍLIO, M. L. *História social da criança abandonada*. São Paulo: Hucitec, 1998.

MARIANI, B. S. C. Os primórdios da imprensa no Brasil (ou: de como o discurso jornalístico constrói memória). In: ORLANDI, E. P. *O discurso fundador*. Campinas: Pontes, 1995.

MARTINEZ, T. E. *Santa Evita*. São Paulo: Companhia das Letras, 2000.

MARTINS, S. H. Z. *Artífices do ócio*: mendigos e vadios em São Paulo (1933-1942). Londrina: Editora UEL, 1998.

MATOS, L. *A Legião Brasileira de Assistência e os soldados do Brasil*. Rio de Janeiro: Legião Brasileira de Assistência, 1945.

MAUAD, A. M. *A produção da fotografia e o controle dos códigos de representação social pela classe dominante na cidade do Rio de Janeiro na primeira metade do século XIX*. Niterói, 1990. Tese (Doutorado) – Universidade Federal Fluminense.

_____. Janelas que se abrem para o mundo: fotografia de imprensa e distinção social no Rio de Janeiro, na primeira metade do século XX. *Estudios Interdisciplinarios de America Latina y el Caribe*, v.10, n.2, jul./dic. 1999.

208　IVANA GUILHERME SIMILI

MESTRINER, M. L. *O Estado entre a filantropia e a assistência social.* São Paulo: Cortez, 2001.

MICELI, S. *Imagens negociadas.* Retratos da elite brasileira (1920-1940). São Paulo: Companhia das Letras, 1996.

_____. A política cultural. In: PANDOLFI, D. (Org.) *Repensando o Estado Novo.* Rio de Janeiro: Editora FGV, 1999.

MOTA, C. G. Cultura e política de boa vizinhança: dois artistas norteamericanos no Brasil. In: COGGIOLA, O. (Org.) *Segunda Guerra Mundial:* um balanço histórico. São Paulo: FFLCH-USP, 1995.

MOTT, M. L. Maternalismo, políticas públicas e benemerência no Brasil (1930-1945). *Cadernos Pagu,* v.16, p.199-234, 2001.

MOURA, G. *Autonomia na dependência* – a política externa brasileira de 1935 a 1942. Rio de Janeiro: Nova Fronteira, 1980.

_____. *Sucessos e ilusões* – relações internacionais do Brasil durante e pós a Segunda Guerra Mundial. Rio de Janeiro: Fundação Getúlio Vargas, 1991.

_____. *Tio Sam chega ao Brasil.* A penetração cultural americana. 8.ed. São Paulo: Brasiliense, 1993. (Coleção Tudo é História).

MUNAKATA, K. *A legislação trabalhista no Brasil.* São Paulo: Brasiliense, 1981.

MUNIZ, D. do C. G. Meninos e meninas na escola: a modelagem das diferenças. *Revista do Programa de Pós-graduação em História,* v.8, n.1-2, p.189-219, 2000.

NERY, C. M. G. *Em busca da gênese da profissão do serviço social:* um estudo a partir dos contornos históricos da sociedade norte-americana. São Paulo, 1996. Dissertação (Mestrado) – Pontifícia Universidade Católica.

OBERACKER, C. H. A biografia da imperatriz Leopoldina e a História do Brasil. *Revista de História,* ano XXVIII, v.LV, n.110, abr./jun. 1977.

ORIEUX, J. A arte do biógrafo. In: DUBY, G. et al. *História e nova história.* Lisboa: Teorema, 1986.

ORTIZ, A. D. *Eva Perón, a madona dos descamisados.* Trad. Clóvis Marques. 2.ed., Rio de Janeiro: Record, 1997.

PANDOLFI, D. (Org.) *Repensando o Estado Novo.* Rio de Janeiro: Editora FGV, 1999

PATLAGEAN, E. A história do imaginário. In: LE GOFF, J. *A história nova.* Trad. Eduardo Brandão. São Paulo: Martins Fontes, 1990.

PEDRO, J. M. Mulheres do Sul. In: DEL PRIORE, M. (Org.) *História das mulheres no Brasil.* 2.ed. São Paulo: Contexto, 1997.

PEIXOTO, A. V. do A. *Getúlio, meu pai*. 2.ed. Rio de Janeiro: Globo, 1960.

PERROT, M. Práticas da memória feminina. *Revista Brasileira de História*, v.9, n.18, ago./set. 1989.

_____. Escrever uma história das mulheres: relato de uma experiência. *Cadernos Pagu*, n.4, p.9-28, 1995.

_____. *Mulheres públicas*. Trad. Roberto Leal Ferreira. São Paulo: Editora UNESP, 1998.

PILOTTI, F., RIZZINI, I. (Org.) *A arte de governar crianças*: a história das políticas sociais, da legislação e da assistência à infância no Brasil. Rio de Janeiro: Instituto del Niño, Editora Universitária Santa Úrsula, Cesp, USU, Amais, 1995.

PINHEIRO, L. A entrada do Brasil na Segunda Guerra Mundial. *Revista USP: Dossiê 50 anos da Segunda Guerra (São Paulo)*, n.26, p.108-19, jun./ago. 1995.

PINOTTI, M. et al. *O serviço social no Brasil*. Conferências. Rio de Janeiro: Legião Brasileira de Assistência, 1958.

PINTO, C. R. J. Movimentos sociais: espaços privilegiados da mulher enquanto sujeito político. In: COSTA, A. de O., BRUSCHINI, C. (Org.) *Uma questão de gênero*. Rio de Janeiro: Rosa dos Tempos, São Paulo: Fundação Carlos Chagas, 1992.

PRADO, M. L. C. Ser ou não ser um bom vizinho. América Latina e Estados Unidos durante a Guerra. *Revista USP: Dossiê 50 anos da Segunda Guerra Mundial (São Paulo)*, n.26, p.52-61, jun./ago.1995.

RAGO, M. *Do cabaré ao lar*. A utopia da cidade disciplinar – Brasil 1890-1930. Rio de Janeiro: Paz e Terra, 1985.

_____. Trabalho feminino e sexualidade. In: DEL PRIORE, M. (Org.) *História das mulheres no Brasil*. 2.ed. São Paulo: Contexto, 1997.

REGENSZAJIN, R. R. *A construção da esfera pública no âmbito da política de assistência social*. São Paulo, 1997. Tese (Doutorado) – Pontifícia Universidade Católica.

REMOND, R. (Org.) *Por uma história política*. Trad. Dora Rocha. Rio de Janeiro: Fundação Getúlio Vargas, Eduerj, 1996.

RIZZINI, I. *Assistência e assistencialismo*. Rio de Janeiro, 1992. Dissertação (Mestrado) – Universidade Federal do Rio de Janeiro.

RIZZINI, I. *Assistência à infância no Brasil*: uma análise de sua construção. Rio de Janeiro: Editora Universitária Santa Úrsula, 1993.

RIZZINI, I. *A criança e a lei no Brasil*: revisitando a história (1822-2000) Rio de Janeiro: Unicef, Cespi, USU, 2000a.

210 IVANA GUILHERME SIMILI

RIZZINI, I. Pequenos trabalhadores do Brasil. In: DEL PRIORE, M. *História das crianças no Brasil*. São Paulo: Contexto, 2000b

RIZZINI, I., WIIK, F. B. *O que o Rio tem feito por suas crianças?* Um estudo sobre a ação dirigida à infância pobre no município do Rio de Janeiro. Rio de Janeiro: A 4 mãos, Fundação Ford, 1990.

RONCAGLIO, C. *Pedidos e recusas*. Mulheres, espaço público e cidadania. Curitiba: Pinha, 1996.

ROOSEVELT, E. *This is my history*. Washington, 1941.

SAMARA, E. *A família brasileira*. 3.ed. São Paulo: Brasiliense, 1986.

_____. *As mulheres, o poder e a família*. São Paulo, século XIX. São Paulo: Marco Zero, 1989.

SANTOS, W. G. dos. *Cidadania e justiça*. A política social na ordem brasileira. 3.ed. Rio de Janeiro: Campus, 1994.

SCHAPOCHNIK, N. Cartões-postais, álbuns de família e ícones da intimidade. In: SEVCENKO, N. *História da vida privada no Brasil*. São Paulo: Companhia das Letras, 1998. v. 3.

SCHEMES, C. *As festas cívicas e esportivas no populismo*. Um estudo comparado dos governos Vargas (19370-1945) e Perón (1946-1955). São Paulo, 1995. Dissertação (Mestrado) – Universidade de São Paulo.

SCHIMIDT, B. B. Construindo biografias... Historiadores e jornalistas: aproximações e afastamentos. *Estudos Históricos*, n.19, p.3-21, 1997.

SCHNAIDERMAN, B. *Guerra em surdina*. História do Brasil na Segunda Guerra Mundial. São Paulo: Brasiliense, 1995.

SCHPUN, M. R. Carlota Pereira de Queiroz: uma mulher na política. *Revista Brasileira de História (São Paulo)*, Anpuh, Ed. Unijuí, v.17, n.33, p.167-200, 1997.

SCHUMAHER, S., BRAZIL, E. (Org.) *Dicionário das mulheres do Brasil, de 1500 até a atualidade*. Rio de Janeiro: Jorge Zahar, 2000.

SCHVARZMAN, S. Entevista com Michelle Perrot. *Cadernos Pagu*, v.4, p.29, 1995.

SCHWARTZMAN, S., BOMENY, H. M. B., COSTA, V. M. R. (Org.) *Tempos de Capanema*. São Paulo: Paz e Terra, Fund. Getúlio Vargas, 2000.

SCOTT, J. Gênero: uma categoria útil de análise. *Educação e Realidade (Porto Alegre)*, v.16, n.2, p.5-22, 1990.

_____. História das mulheres. In: BURKE, P. (Org.) *A escrita da história* – novas perspectivas. São Paulo: Editora Unesp, 1992.

_____. Prefácio à *Gender and politics of history*. *Cadernos Pagu*, n.3, p.11-28, 1994.

MULHER E POLÍTICA **211**

SENNET, R. *O declínio do homem público*: as tiranias da intimidade. São Paulo: Companhia das Letras, 1988.

SEVCENKO, N. A capital irradiante: técnica, ritmos e ritos do Rio. In: ———. (Org.) *História da vida privada no Brasil*. São Paulo: Companhia das Letras, 1998. v.3.

SILVA, J. D. S. e S. *Mulheres de Fortaleza nos anos de 1940*: uma vivência da Segunda Guerra Mundial. Rio de Janeiro, 2000. Dissertação (Mestrado) – Universidade Federal do Rio de Janeiro.

SILVA, M. F. *Resgatando a memória*: a história das enfermeiras da Força Expedicionária Brasileira na Segunda Guerra Mundial. Rio de Janeiro, 1995. Dissertação (Mestrado) – Universidade Federal do Rio de Janeiro.

SILVA, Z. L. da. *A domesticação dos trabalhadores nos anos 30*. São Paulo: Marco Zero, 1990.

SIMILI, I. G. *Memória da prostituição*: lembranças da Casa da Antonieta. Assis, 1995. Dissertação (Mestrado) – Universidade Estadual Paulista.

SODRÉ, N. W. *A história da imprensa no Brasil*. Rio de Janeiro: Civilização Brasileira, 1966.

SOHN, A. Entre duas guerras. In: DUBY, G., PERROT, M. *História das mulheres no Ocidente*. São Paulo: Afrontamento, 1991. v.5.

SOIHET, R. *Bertha Lutz e a ascensão social da mulher, 1919-1937*. Niterói, 1974. Dissertação (Mestrado) – Universidade Federal Fluminense.

———. Mulheres em busca de novos espaços e relações de gênero. *Acervo, Revista do Arquivo Nacional*, v.9, n.1-2, p.99-124, jan./dez. 1996.

———. História das mulheres. In: CARDOSO, C. F., VAINFAS, R. (Org.) *Domínios da história*. 5.ed. Rio de Janeiro: Campus, 1997a.

———. Violência simbólica: saberes masculinos e representações femininas. *Estudos Feministas*, v.5, n.1, p.7-29, 1997b.

———. Enfoques feministas e a história: desafios e perspectivas. In: SAMARA, E. de M., SOIHET, R., MATOS, M. I. S. de. *Gênero em debate, trajetórias e perspectivas na historiografia contemporânea*. São Paulo: Educ,1997c.

———. Transgredindo e conservando, mulheres conquistam o espaço público: a contribuição de Bertha Lutz. *Labrys*, n.1-2, jul./dez. 2002.

———. Mulheres e biografia. Significados para a História. *Locus, Revista de História (Juiz de Fora)*, v.9, n.1, p.33-48, 2003.

SOUZA LOBO, E. Emma Goldman – Revolução e desencanto: do público ao privado. *Revista Brasileira de História (São Paulo)*, v.9, n.7-8, p.29-42, ago./set. 1989.

212 IVANA GUILHERME SIMILI

SPOSATI, A. Cidadania ou filantropia para o CNAS. Relatório de pesquisa elaborado pelo Núcleo de Seguridade e Assistência Social da PUC/SP. São Paulo, ago. 1994. (Mimeogr.).

SPOSATI, A., FALCÃO, M. do C. *LBA, identidade e efetividade das ações*. São Paulo: Educ,1989.

TABAK, F. O *status* da mulher no Brasil. Vitórias e preconceitos. *Cademos PUC*, n.7, p.165-210, ago.1971.

TABAK, F. *Autoritarismo e participação política da mulher*. Rio de Janeiro: Graal, 1983.

TABAK, F. *A mulher brasileira no Congresso Nacional*. Brasília: Câmara dos Deputados, 1989.

TABAK, F., TOSCANO, M. *Mulher & política*. Rio de Janeiro: Paz e Terra, 1982.

TELES, V. da S. *Pobreza e cidadania*. São Paulo: Edusp, Editora 34, 2001.

THÉBAUD, F. A grande guerra. O triunfo da Primeira Guerra Mundial. In: DUBY, G., PERROT, M. *História das mulheres no Ocidente*. São Paulo: Edições Afrontamento, 1991. v.5.

TORRES, I. C. *As primeiras-damas e a assistência social*: relações de gênero e poder. São Paulo: Cortez, 2002.

TOTA, A. P. *O imperialismo sedutor*. A americanização do Brasil na época da Segunda Guerra. São Paulo: Companhia das Letras, 2000.

TRIGO, M. H. B. Amor e casamento no século XX. In: D'INCAO, M. A. (Org.) *Amor e família no Brasil*. São Paulo: Contexto, 1989.

TRINDADE, E. Cidade moderna e espaços femininos. *Cultura e Cidade*, Projeto História, Educ, n.13, p.109-120, jun. 1996.

TRONTO, J. C. Mulheres e cuidados: o que as feministas podem aprender sobre a moralidade a partir disso? In: ALISON, M. J., BORDO, S. (Org.) *Gênero, corpo, conhecimento*. Trad. Brita Lemos de Freitas. Rio de Janeiro: Rosa dos Tempos, 1997.

VAITSMAN, J. Gênero, identidade, casamento e família na sociedade contemporânea. In: MURARO, R. M. M. et al. *Mulher, gênero e sociedade*. Rio de Janeiro: Relume Dumará, Faperj, 2001.

VALADARES, A. P. *Álbum bibliográfico das febianas*: centro de documentação histórica do Brasil. Rio de Janeiro: Mauro Familiar, 1976.

VARGAS, G. *Diário*. São Paulo: Siciliano; Rio de Janeiro: Fundação Getúlio Vargas, 1995, 2v.

VARIKAS, E. Gênero, experiência e subjetividade: a propósito do desacordo Tilly-Scott. *Cadernos Pagu*, n.3, p 61-82,1994.

MULHER E POLÍTICA **213**

VIEIRA, E. As políticas sociais e os direitos sociais no Brasil: avanços e retrocessos. *Serviço Social & Sociedade (São Paulo)*, n.53, p.67-73, mar. 1997.

VIGEVANI, T. *A Segunda Guerra Mundial.* 2.ed. São Paulo: Moderna, 1986.

WASSERMAN, M. C., NAPOLITANO, M. Desde que o samba é samba. A questão das origens no debate historiográfico sobre a música popular brasileira. *Revista Brasileira de História*, n.39, v.20, p.167-90, ago. 1999/julh. 2002.

WEFFORT, F. *O populismo na política brasileira.* Rio de Janeiro: Paz e Terra, 1978.

WINSTEIN, B. As mulheres trabalhadoras em São Paulo: de operárias não qualificadas às esposas profissionais. *Cadernos Pagu*, n.4, p.143-72, 1995.

WOLFE, J. "Pai dos pobres" ou "mãe dos ricos"? Getúlio Vargas, industriários e construções de classe, sexo e populismo em São Paulo, 1930-1954. *Revista Brasileira de História*, n.27, 1994.

YALOM, M. *A história da esposa: da virgem Maria a Madona.* O papel da mulher casada dos tempos bíblicos até hoje. Trad. Priscila Coutinho. Rio de Janeiro: Ediouro, 2002.

SOBRE O LIVRO

Formato: 14 x 21 cm
Mancha: 23,7 x 42,5 paicas
Tipologia: Horley Old Style 10,5/14
Papel: Offset 75 g/m² (miolo)
Cartão Supremo 250 g/m² (capa)
1ª edição: 2008

EQUIPE DE REALIZAÇÃO

Coordenação Geral
Marcos Keith Takahashi